오십에 읽는
**명리의 지혜**

흔들리지 않는 삶을 위한 명리 인문학 강의

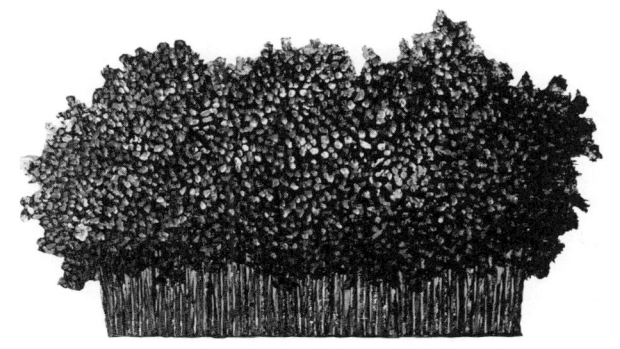

# 오십에 읽는
# 명리의 지혜

김원 지음

더퀘스트

앞만 보고 달려오다 맞이한 오십,
이토록 막막할 줄은 미처 몰랐다.
나는 지금 터널의 끝에 선 걸까,
아니면 깊은 동굴의 막다른 곳에 멈춰 선 걸까.

직장도, 지위도, 동료도—
그토록 중요했던 모든 것들이
지금의 나에게는 어떤 의미일까.
가족 곁에 있어도
마음은 고독한 나무와 같다.

© Thierry Biland

남들이 보기에 괜찮은 듯해도
나는 안다.
지금의 내가 얼마나 위태로운지.
이대로는 더는 버틸 수 없다는 것을.

무엇을 지키고
무엇을 내려놓아야 할까.
누구를 곁에 두고
누구를 떠나보내야 할까.

© Hamed Hoseini Pur

사람들은 오십을 인생의 가을이라 부른다.
지금 나의 가을은 어떤 모습으로 서 있는가.
뿌리지 못한 씨앗에 대한 아쉬움,
아니면 곧 다가올 겨울에 대한 두려움?

사람과 사람 사이의 알맞은 거리,
일과 삶의 적당한 균형,
이상과 현실의 조화까지
인생의 가을이 묻는 이 질문들에
명리는 어떤 대답을 내놓을까.

사주명리는 운명을 미리 정해주는 학문이 아니다.
그것은 당신의 내일이 어떤 날씨를 맞이할지 알려주는
일기예보에 가깝다.
살아온 만큼 헤쳐나가야 할 인생의 바다가
여전히 많이 남은 오십의 당신,
이제 날씨에 적합한 준비를 하는
현명한 항해사가 되어야 하지 않을까.

지천명의 시간,
하늘의 뜻을 이해하며
예전보다 길어진 인생의 가을에
한결 단단한 걸음을 내디뎌 보자.

프롤로그
## 지천명, 당신의 운명을 경영할 시간

　공자는 '나는 오십에 하늘의 명(命)을 깨달아 알게 되었다'라고 했습니다. 오십이라는 나이와 함께 언급되는 '지천명(知天命)'의 유래이지요. 그런데 지천명을 어떻게 이해하고 계시나요? 제가 보면 '나이가 오십이나 되었으면 하늘의 뜻을 제발 좀 깨달아야 한다'로 해석하는 사람보다 '오십이면 누구나 하늘의 뜻을 깨닫게 된다'로 이해하는 사람이 더 많은 것 같습니다.
　그러나 하늘의 뜻은 공자도 오십이 되어서야 겨우 알게 되었다고 할 정도로 알기 어렵습니다. 우리 중 공자와 같은 사람은 매우 드물기에 저절로 하늘의 뜻을 알기란 더더욱 어렵겠지요.

## 공자가 '명'을 알라고 한 까닭

공자가 나이 오십을 어떻게 말했는지 《논어(論語)》의 구절을 오랜만에 다시 찾아보았습니다.

나는 십오 세에 학문에 뜻을 두었고(지학(志學)), 서른에는 자신을 바로 세우게 되었으며(이립(而立)), 마흔에는 세상의 유혹에 흔들리지 않았고(불혹(不惑)), 오십에는 하늘의 뜻을 알게 되었으며(지천명), 육십에는 귀가 순해져 세상의 말을 객관적으로 이해하게 되었고(이순(耳順)), 칠십에는 마음대로 해도 법도에 어긋남이 없었다(종심(從心)).

《논어》위정편(爲政篇)

이 글을 다시 보며 사주명리에 대해 연구하는 오십이 넘은 사람으로서 두 가지 생각이 들었습니다. 첫째, 15세인 '지학'을 제외하고 공자는 모두 10년 단위의 변화를 이야기했습니다. 사주에는 대운(大運)이라는 개념이 있는데, 이는 10년을 주기로 찾아오는 것으로 내가 활용할 수 있는 운을 뜻합니다. 10년이 큰 기간이라 '큰 대(大)'자를 사용하지요. 이것을 '대박운'으로 이해하는 사람이 있기도 하나 명리이론에서는 좋고 나쁨이 아닌, 기간이 크다는 뜻일 뿐입니다. 10년을 주기로 내가 염두에 둘 운의 화두가 바뀐다는 점은 공자가 10년 단위로 자신의 모습이 변한다고 한 것과 유사합니다. 공자의 이야기와 명리 모두 대략 10년 단위로 인생이 성숙해지고, 각기 다른 주제를 인생의 화두로 삼게 된다는 동일한 관점을 갖고 있습니다.

둘째, 지천명의 '명'은 운명(運命)의 '명'과 같은 한자입니다. 공자가 하늘의 뜻을 말할 때 사용한 글자가 바로 명(命)입니다. 명리에서 '명'은 내게 주어져 바꿀 수 없는 그 무엇입니다. 공자가 이야기하는 하늘의 뜻도 개인이 마음대로 해석하거나 만드는 것이 아니라 원래 존재하는 세상의 진리일 테지요. 나에게 이미 주어진 삶이란 하늘의 뜻에 맞춰 가며 순리를 따르는 삶이고, 이것을 오십에는 깨달아야 한다는 점에서 공자의 말씀과 명리의 이론이 서로 크게 다르지 않은 것 같습니다.

원래 존재하는 하늘의 뜻(명)이 무엇인지 대략 살펴봤으니 이제 '운이 좋다'라고 할 때의 그 운(運)에 대해 이야기해 볼까요?

## 사주명리에서의 명과 운

명리에서는 운명을 운과 명으로 나눠 이해합니다. 명은 불변하는 속성을, 운은 시기에 따라 변하는 속성을 뜻합니다. 어떤 사람이 '사주에 불이 많다, 나무가 없다'고 하면 이것은 생년월일을 사주팔자(四柱八字)로 변환하여 나오는 여덟 개의 글자 중에 불을 뜻하는 글자가 많고 나무를 뜻하는 글자가 없다는 뜻입니다. 생년월일을 근거로 하기에 평생 변하지 않습니다. 변하지 않는 사주팔자 여덟 글자가 바로 '명'입니다.

반면 '2025년은 을사년(乙巳年), 즉 푸른 뱀의 해인데 불의 기운이 강한 시기다'라고 하거나 '2026년은 병오년(丙午年), 붉은 말의 해라 불의 기운이 매우 강한 연도'라는 식의 이야기도 합니다. 이처럼 시기마다 변하는 특정 기운을 '운'이라고 하지요. 이는 평생이 아닌 특정 기간에만 사용할 수 있는 기운을 뜻합니다. 전문용어로 1년 단위로 변하는 운을 세운(歲運), 10년 단위로 변하는 운을 대운이라고 합니다.

명리의 관점으로 지천명을 해석하면 '오십 대에 맞이하는 대운의 시기에는 자신의 성격과 장단점을 제대로 알고, 그에 맞게 살아야 한다' 정도로 요약할 수 있습니다. 다시 말해, 자신의 참모습을 알았다면 그에 어긋나는 길을 굳이 가지 말아야 하는 나이가 오십이라는 뜻입니다.

이런 관점에서 보면, 오십 즈음 혹은 중년이라는 시기는 무엇을 더 얻기보다는 무엇을 내려놓을지를 배워야 하는 시기입니다. 청년 시기에는 삶의 경험이 적기에 자신을 잘 알기 어렵습니다. 그래서 마음이 이끄는 대로 살아 보고 시행착오를 겪으며 자신의 개성과 강점을 계속 시험해 나갑니다.

하지만 오십쯤에 이르면 그렇게 살기가 쉽지 않습니다. 만약 누군가가 여전히 "그냥 하고 싶은 대로 살아"라고 충고한다면 그건 너무 무책임한 말이거나 상대가 잘 되길 바라지 않는 마음에서 한 말일 수 있습니다.

명을 이해하는 더 현실적인 길은 그것을 하나의 '전체적 방향성'으로 받아들이는 데 있습니다. 환경, 성격, 경험이 겹겹이 쌓여 만들어 낸 삶의 궤도이자 내가 피하려 해도 어느 순간 다시 돌아오게 되는 길, 일정한 경계 안에서 움직일 수 있는 길의 폭이라고 이해하는 것이지요. 이렇게 보면 명은 '내가 어디에서 자유롭게 움직일 수 있는가'를 알려주는 지형도에 가깝습니다.

## 길어진 인생의 가을

명리에서는 춘하추동, 즉 자연의 계절 변화를 인생의 나이 먹음과 같다고 봅니다. 식물이 세상에 고개를 드는 봄은 유년기, 햇빛을 받고 물을 먹으며 무럭무럭 자라는 여름은 청년기, 곡물과 열매를 수확하고 결실을 정리하는 가을은 장년기, 잎이 떨어지고 내년을 기약하며 흙으로 씨앗을 되돌리는 겨울은 노년기입니다. 이런 흐름에서 오십 전후의 중년이라는 시기는 가을입니다.

그런데 우리의 가을은 이제 예전과는 다릅니다. 기대수명이 크게 늘어났고, 일터의 안전성이 줄어들었습니다. 이전에는 한 직장을 정년까지 다녔지만 이제는 그런 사람을 보기가 굉장히 힘듭니다. 또 경제의 성장성도 많이 줄어들었습니다. 이런 외부적 요건을 함께 생각해 보면 오늘날의 오십은 경험을 바탕으로 원숙하게 일하며 인생의 봄과 여름의 성취를 갈무리하고, 따뜻한 인생의 겨울을 준비하는 여유로운 시기라고 보기 어렵습니다. 정년이 보장되고 기대수명도 칠십 대 전후였던 시절에는 인생의 가을이 짧고 평화로웠습니다. 그러나 이제는 가을이 길어져 이전과는 다른 생각과 행동으로 채워야 합니다.


## 오십이기에 할 수 있다

인생의 가을인 오십은 예전보다 길어진 가을이라 도전이 많은 시기입니다. 하지만 오직 이 시기만이 줄 수 있는 장점이 있습니다. 바로 약해진 기력과 이전의 시행착오가 그것입니다. 예전보다 체력과 자신감이 줄어들고, 돌이켜보면 미흡했던 점들이 뭐가 좋냐고요? 바로 이러한 점들이 삶의 무기가 되기 때문입니다.

젊은 나이에는 혈기왕성하고 목표의식이 강하기에 누구에게나 적용되는 좋은 말보다 '나'에 대한 구체적인 맞춤형 해결책을 찾고 싶어 합니다. 아무리 중요하다고 해도 도덕책 같은 말은 젊은이들의 흥미를 끌기 어렵습니다. 나를 중심에 두는 것은 나이와 무관한 인간의 본성이지만 오십 즈음의 중년이 되면 이야기가 조금 달라집니다. 체력과 자신감이 이전 같지 않게 되면 즉각적인 행동을 하기보다 중요한 것을 한 번 더 고민해 보게 되지요. 젊을 때라면 바로 하든 말든 정했을 일도 이제는 '내가 할 수 있을까?'라는 생각을 여러 번 되뇌게 됩니다. 많아진 생각 덕분에 조금 더 신중하게 행동할 수 있는 기회가 생깁니다.

지난 시간이 주는 또 하나의 선물은 많은 경험입니다. 성공이든 실패든 경험을 다채롭게 해봤다는 것 자체가 무기입니다. 아직 시행착오 경험이 없는 나이에는 좋은 이야기도 '당연한 공자님 말씀'으로 들리며 마음에 와닿지 않는 경우가 많습니다.

만약 젊은 사람들에게 '남과 피할 수 없는 갈등이 생겼을 때 혼자 해결할 수 없다면 반드시 남에게 중재를 부탁하라'고 말하면 머리로는 이해하더라도 마음으로는 크게 와닿지 않을 수 있습니다. 그렇게 되면 당연히 실제 행동이 변화되기는 어렵겠지요. 하지만 세월의 쓴맛을 본 사람이라면 남에게 부탁하는 일이 어렵긴 해도 반드시 필요한 때가 있음을 압니다.

## 이 책을 읽는 법

저는 삼십 대부터 지금까지 오랫동안 사주명리를 공부해왔습니다. 처음에는 그저 저 자신의 미래가 궁금해서 시작한 공부였지만, 그 관심은 곧 저를 넘어 가족과 지인들, 그리고 이전에는 전혀 알지 못했던 타인들과의 연결로 이어졌습니다. 오랜 시간 명리를 배우고 사유하면서 저는 종종 이런 생각을 품었습니다.

'명리의 지혜가 내 삶에 남긴 것은 무엇일까? 그 깨달음을 다른 사람과 나누면 어떨까?'

단순히 사주팔자를 해석하기 위함이 아니라 명리학과 관련한 수많은 책을 읽고 공부하면서 그 안에서 삶을 바라보는 깊은 통찰을 여러 번 발견했기 때문입니다. 그것은 인간을 운명의 틀 안에 가두는 학문이 아니라 삶의 이치를 들여다보고 스스로의 길을 찾을 수 있게 도와주는 좋은 도구였습니다.

이제 제가 공부하고 상담했던 내용을 바탕으로 사주명리의 주요 이론들에서 발견할 수 있는 삶의 지혜를 소개하려 합니다. 특히 어느 정도 삶의 원숙함을 경험한 독자라면 이 지혜가 더욱 가깝게 다가올 것입니다.

기존에 사주명리를 공부한 적이 없더라도 이해할 수 있도록 설명되어 있고, 공부를 원하시는 분들이나 더 자세한 설명이 궁금하신 분들을 위해 부록(사주 기초 지식)이 준비되어 있습니다.

그럼 사주명리 이론이 들려주는 참어른들만을 위한 지혜의 세계로 함께 떠나 보겠습니다.

차례

프롤로그 지천명, 당신의 운명을 경영할 시간 · 21

## 1장. 나를 아는 지혜
오십, 삶의 기본기를 다시 세우다

도움을 요청하는 용기, 나를 빌려주는 아량 __ 등라계갑(藤蘿繫甲) · 37
가진 것을 지키려면 절제와 선택이 필요하다 __ 군겁쟁재(群劫爭財) · 43
스스로를 알고 기준을 세워라 __ 탐재괴인(貪財壞印) · 49
지금껏 살던 방식이 가장 나다운 방식 __ 재다신약(財多身弱) · 55
나만의 원칙이 이끄는 삶 __ 진법무민(盡法無民) · 60
이제는 마음의 우선순위를 챙겨야 한다 __ 관살혼잡(官殺混雜) · 65
스스로를 다독이며 견뎌야 할 시기가 있다 __ 천한지동(天寒地凍) · 71
땅이 촉촉해야 나무가 자랄 수 있다 __ 춘양조열(春陽燥熱) · 77

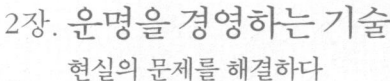

## 2장. 운명을 경영하는 기술
### 현실의 문제를 해결하다

너무 단단하면 쓰임이 없다__금실무성(金實無聲)·85

시대에 맞게 조금씩 나를 변화시킨다__제살태과(制殺太過)·90

때로는 상황에 맞게 최대한 이기적으로__살인상생(殺印相生)·96

명예보다 실속이 더 중요해진다__명관과마(明官跨馬)·102

운을 탁하게 만들지 말라__거탁유청(去濁留淸)·106

나를 막는 병을 알아야 길도 열린다__제거기병(除去其病)·111

때로는 내 주변의 변화가 필요하다__급신이지(及身而止)·116

## 3장. 관계를 맺는 지혜
### 중년의 인간관계를 경영하다

도움과 인연은 의외의 길에서 다가온다 __순환상생(循環相生) · 123
모두에게는 각자의 옳음이 존재한다 __왕희순세(旺喜順勢) · 127
지나친 사랑은 자녀를 망친다 __모자멸자(母慈滅子) · 132
등골까지 내어 주기 전에 멈춰라 __모쇠자왕(母衰子旺) · 139
진짜 도움을 줬는지 확인하라 __아우생아(兒又生兒) · 145
지나친 '정'은 판단을 흐리게 한다 __과어유정(過於有情) · 151
앞에서 끌고 뒤에서 밀고 __전인후종(前引後從) · 156
서로가 서로에게 좋은 사람이 된다는 것 __진기왕래(眞氣往來) · 160

## 4장. 후반생을 위한 준비
### 품격 있는 어른의 삶을 완성하다

말년을 단단하게 만드는 세 가지_삼반귀물(三般貴物) · 169
왕관의 무게를 다시금 생각해 볼 나이_가살위권(假殺爲權) · 174
마음속에 브레이크 하나는 챙겨라_상관상진(傷官傷盡) · 178
적당히 고민한 후 일단 실행으로 옮겨라_파료상관(破了傷官) · 184
앞길을 막는 것은 피해야 한다_귀물제거(鬼物除去) · 189
남에게 맞추더라도 나를 지키면서 가자_화위설상(化爲洩傷) · 194
자존감과 자신감도 연습이 필요하다_신청기수(神淸氣秀) · 199

**에필로그** 사주가 내게 가르쳐 준 것들 · 205
**부록** 셀프 명리학 기초, 세상을 이해하는 최소한의 지식 · 211

1장.
## 나를 아는 지혜

―

오십, 삶의 기본기를 다시 세우다

## 도움을 요청하는 용기,
## 나를 빌려주는 아량

등라계갑(藤蘿繫甲)

사주명리에서는 세상의 기운을 음(陰)과 양(陽), 두 가지로 나누고 다시 다섯 가지 오행(五行)으로 구분합니다. 따뜻한 양의 기운은 나무(木)와 불(火), 차가운 음의 기운은 금속(金)과 물(水)로 나뉘며 흙(土)은 양과 음 모두를 포함해 세상의 토대가 된다고 봅니다. 이것이 음양오행(陰陽五行) 이론입니다.

나무, 불 등 각각의 기운은 한 번 더 음과 양으로 나뉩니다. 예를 들면 갑(甲)은 곧고 큰 소나무로 양의 나무이고, 을(乙)은 구부러진 등나무나 부드러운 풀로 음의 나무를 나타냅니다. 여기서 비롯된 이야기가 바로 '등라계갑'입니다. '등나무(藤, 등나무 등) 덩굴(蘿, 담쟁이덩굴 라)이 소나무를(甲, 갑옷 갑. 굳센 소나무를 뜻함) 감아

1장. 나를 아는 지혜

맨다(繫, 맬 계)'는 뜻으로, 즉 '등나무는 소나무를 감고 올라가야 쉽게 뜻을 이룬다'는 의미입니다. 사주에서는 을이 갑을 활용하면 더 빨리 성공할 수 있다고 해석합니다. 하지만 갑이라는 글자가 너무 많으면 어느 나무를 타고 갈지 선택하지 못하거나 큰 나무에 의해 빛을 못 받게 되기도 합니다. 이 등라계갑의 이야기는 인생에 대해 훨씬 많은 생각거리를 제공하는데요, 한번 살펴보겠습니다.

### 구부러져야 곧은 나무를 탈 수 있다

등나무나 풀은 을이라고 했습니다. 을은 한자만 봐도 구부러진 것이 드러납니다. 곧은 소나무는 갑입니다. 가운데에 곧은 수직선이 소나무의 꼿꼿함으로도 보입니다. 등나무나 풀이 소나무를 칭칭 감고 올라가는 모습을 떠올려 보세요. 더 적은 에너지로 높은 곳까지 올라가는 등나무의 모습을요.

만약 등나무가 유연하지 않고 뻣뻣하다면 큰 나무를 칭칭 감고 올라갈 수 있을까요? 을은 갑이 없었다면 작은 키의 나무나 풀로 끝날 운명입니다. 그러나 본인이 굽히는 법을 알았기에 더 높이, 더 적은 힘으로 올라갑니다. 소나무가 하늘로 뻗기 위해 흡

수한 양분보다 훨씬 더 적은 에너지로 더 멀리 도달하는 셈이지요. 혹자는 을의 구부러진 모습이 고객에게 고개를 숙이는 서비스 제공자의 모습과 같다고도 합니다. 그래서 갑을 관계라는 말이 나온 것인지는 확실하지 않지만, 은유적으로는 말이 됩니다.

저는 직장생활 대부분을 소위 을의 위치에 있었습니다. 법인 고객에게 제품과 서비스를 제공하는 회사의 입장이었기에 자주 굽혀야 했습니다. 고객들의 친절함, 까다로움의 정도가 제각각이어서 가끔은 마음의 상처를 받기도 했습니다. 특히 어렸을 때는 자존심도 강해서 기분 나빠한 적도 여러 번 있었지요. 약 20년 전, 아직 삼십 대였던 제가 고객에게 큰 질책을 받고 의기 소침해 있던 적이 있었습니다. 그 모습을 본 다른 회사 임원분이 이런 말을 했습니다.

"나는 평생 갑의 위치에 있어 직장상사 외에는 굽혀 본 적이 거의 없네. 자네는 날마다 굽히는 일을 하지 않나. 굽히는 태도 덕분에 나중에 은퇴한 후에도 일이 생길 걸세."

그때는 그 말의 뜻을 정말 몰랐지만 이제는 알 것 같습니다. 많이 구부릴수록 곧은 나무를 타고 더 유연하게 올라갈 수 있다는 것을요.

지나 보면 '그때 조금만 더 유연했더라면' 하는 생각을 할 때가 많습니다. 직장생활을 마무리하거나 새로운 출발을 준비하는 시기라면 이제 더 이상 소나무처럼 꼿꼿하게만 서 있을 수 없습니다. 인생의 두 번째 챕터에서는 젊은 세대에게도 굽힐 줄 아는 여유와 지혜를 가져 보면 어떨까요?

지금도 신생 스타트업들 중에는 경험 있는 경영진을 원하는 경우가 많습니다. 그러나 오십이 넘은 분을 쉽게 고용하지는 못합니다. 연봉을 젊은이 수준으로 받겠다고 해도 결정을 주저합니다. 나이대접을 받으려 하고, 젊은 팀장과 조화를 이룰 수 있을지 걱정되기 때문이라지요. 얼마 전 대기업 광고대행사를 다니다 스타트업에 합류한 오십 대 마케팅 매니저 이야기를 들은 적이 있습니다. 나이 든 외모를 감출 수는 없지만 상사를 존중하고 동료를 배려하며 그동안 쌓아 온 경험을 아낌없이 나누고 있다고 합니다. 많은 오십 대들이 이와 같다면 채용시장에 변화가 일어나지 않을까 하는 생각이 들 정도였습니다.

## 작은 나무가 누군가에게는 쉼터가 된다

살다 보면 나의 도움을 필요로 하는 사람도 있게 마련입니다. 내가 가진 여유 이상으로 남을 돕는 것은 쉽지 않습니다. 그러나 돌아보면 작은 위로의 말, 커피 한 잔 정도 대접했다면 어땠을까 하는 순간도 많습니다. 내가 아주 큰 나무는 아니더라도 누군가에게는 작은 나무 같은 존재일 수 있습니다. 내가 풀이더라도 누군가는 그 위에 잠시 앉아 쉴 수도 있습니다.

한 지인은 월 3만 원씩 어려운 분들에게 급식을 제공하는 곳에 기부를 합니다. 그곳의 놀라운 점은 실제 기부하는 분이나 급식 봉사를 하는 분들이 대다수 평범한 시민들이라는 사실입니다. 가느다란 넝쿨들이 여러 개 모여 서로를 의지하며 하늘로 올라가는 모습이 이런 것이구나 싶었습니다. 높이 올라가지 못하면 어떤가요. 서로 얽히며 옆으로 퍼져 나갈 수도 있지요.

만약 여유가 된다면 내 두꺼운 소나무 줄기를 다른 사람이 타고 오를 수 있도록 내어 줄 수도 있습니다. 그러면 소나무에게는 좋은 일이 없을까요? 멋진 아름드리 소나무는 나무꾼의 1순위 목표입니다. 아무리 강한 소나무도 큰 도끼와 톱에는 살아남지 못합니다. 그런데 담쟁이넝쿨들이 소나무를 칭칭 감고 있으면 쉽사리 베지 못하지요.

평소에 남에게 베풀기를 좋아하는 한 사장님이 있었습니다. 이분이 뜻하지 않은 송사에 휘말려 힘들어할 때, 지인들이 너나 할 것 없이 탄원서를 써 주었습니다. 이분의 경조사는 모든 사람이 진심으로 축하하고 애도합니다. 반면 돈 관련해서도, 사람 관련해서도 인색했던 한 부자가 있습니다. 그가 어려움을 겪을 때는 다들 은근히 잘됐다고 말하는 것을 들었습니다.

물론 나는 큰 소나무가 아니라고 생각할 수 있습니다. 그러나 중요한 것은 크기가 아니라 남에게 내 기둥을 빌려주려는 마음입니다. 그렇게 살다 보면 오히려 내 마음이 자라고 뒤늦게 더 큰 사람이 되어갈 수 있습니다. 그리고 언젠가는 누군가가 꼭 함께 일하고 싶어 하는, 꼭 찾고 싶어 하는 그런 사람이 되어 있을지도 모릅니다.

# 가진 것을 지키려면
# 절제와 선택이 필요하다

군겁쟁재(群劫爭財)

제가 젊었을 때만 해도 평균 수명은 육십 세 후반에서 칠십 세 초반이었습니다. IMF 전에는 구조조정이란 말도 생소했고, 환갑 즈음 은퇴하고 10년 남짓 살다 세상을 떠나는 경우가 많았지요.

지금은 상황이 완전히 달라졌습니다. 평균 은퇴는 오십 대 초반이고 기대수명은 더 길어졌습니다. 자연히 보통의 재테크만으로는 노후를 감당하기 어려워졌고, 그래서 많은 은퇴 전문가들이 고정 소득을 강조합니다. 하지만 한국 사회의 나이 중시 문화가 재취업을 어렵게 하다 보니 창업을 대안으로 선택하는 사람이 많아졌습니다. 창업을 쉽게 생각하는 사람은 많지 않겠지만 사주명리의 시각에서 오십 이후의 창업이 왜 어려운지, 그 대안은 무엇인지 같이 고민해 보려 합니다.


## 군겁쟁재란 무엇인가

'군겁쟁재'라는 말이 있습니다. '내 재물을 빼앗으려는(劫, 빼앗을 겁) 대상이 무리 지어(郡, 무리 군) 나의 재산을(財, 재물 재) 앞에 두고 경쟁한다(爭, 다툴 쟁)'는 뜻입니다. '빼앗을 겁'이라는 말을 들으니 뭔가 무섭기도 한데, 의미를 더 잘 이해하려면 명리 이론을 알아야 합니다.

사주명리에서는 나를 기준으로 가족 및 사회관계를 뜻하는 속성을 크게 다섯 가지로 나눕니다. 세상이 오행으로 구성되니 속성도 다섯 개입니다. 그리고 각각 음과 양의 경우가 있다고 보아 열 가지 속성으로 확장하고 이를 '십신(十神)'이라고 부릅니다.

나와 오행 속성이 같고 음양도 같으면 형제나 친구로 보고 '어깨를 맞대어 기대거나 견준다'는 뜻의 비견(比肩)이라고 부릅니다. 반면 같은 오행 속성을 지녔는데 음양이 다르면 경쟁자를 뜻하는 겁재(劫財)라고 부릅니다.

군겁쟁재에 있는 '겁'은 나와 같은 속성을 가진 경쟁자를 뜻하며 군겁쟁재란 곧, 경쟁자가 무리 지어 내 재물을 노리는 상황을 말합니다. 팔자에 경쟁자에 해당하는 겁재가 여러 개 있고, 그것이 나의 재물을 뜻하는 글자를 둘러싸면서 내 돈을 탐내고 있는 모습입니다.

## 왜 오십의 창업은 더 조심해야 하는가

사실 사주에 따라 군겁쟁재의 형태가 생년월일시에 반영되어 사업 자체가 어울리지 않는 사람이 있고, 특정 시기에만 군겁쟁재가 발동해 일시적으로만 재산을 잃는 사람도 있습니다. 그렇다면 팔자에 따라 다른 것인데 굳이 왜 오십의 창업에서 군겁쟁재를 조심해야 할까요?

이 시기의 창업은 평생 사업을 하지 않던 이들이 생계를 위해 시작한 것인 경우가 많습니다. 문제는 아이템 대부분이 남들도 쉽게 할 수 있는 것이라는 점입니다. 명리학의 시선으로 보면 재물의 크기에 비해 경쟁자가 지나치게 많은 형국입니다.

더러 아주 특이한 사업 아이템을 고려하는 분도 있습니다. 존재하지 않는 시장을 나만의 기회로 보고, 즉 재물이 없는데 있다고 착각하고 뛰어들기도 합니다. 이런 경우 실패 확률은 더 높습니다.

그렇다면 오십 대 창업에서 성공할 수 있는 길은 무엇일까요? 첫째, 경쟁자가 많을 때는 내가 접근할 수 있는 시장의 크기도 커야 합니다. 경쟁자가 많아도 잠재시장이 충분히 크면 기회가 있습니다. 명리학에서는 비견이나 겁재 등의 경쟁자가 많아도 정재(正財)나 편재(偏財) 등 재성(財星)이 크면, 힘들기는 해도 내가 먹을 돈도 있다고 해석합니다.

둘째는 절제입니다. 불필요한 비용을 줄이고 준비가 되기 전에 섣부르게 개업하지 않는 마음은 나의 상대적 경쟁력을 높여 줍니다. 명리학에서 정관(正官)이나 편관(偏官) 등의 '관'이 나를 누르는 마음인데, 이 마음은 나와 오행이 같은 비견과 겁재도 누르거나 쳐내게 되어 경쟁자의 힘을 줄여 준다고 해석합니다.

셋째, 한 가지에 집중해 꾸준히 이어가는 태도입니다. 명리에서 식신(食神)이라는 속성은 한 가지 일을 꾸준하게 하면 생업을 지탱할 수 있는 기운입니다. 내가 창업을 통해 창출하려는 가치에만 집중하고 그 가치가 달성되기 전까지는 다른 것을 하지 않는 것입니다.

지인 중 한 명이 30년 동안 직장생활을 하며 고위 임원까지 하다 퇴직을 했습니다. 그러고 나서 김치찌개 식당을 열었는데

웬만한 대기업 직원만큼의 순수입을 벌고 있습니다. 유동인구가 꽤 있는 지역에 창업을 했는데, 경쟁은 세지만 시장 크기도 그만큼 큰 곳이었습니다. 그는 대기업에서 배운 관리 마인드로 불필요한 지출을 최소화했고, 메뉴는 김치찌개에만 집중하고 다른 것은 거의 없앴습니다. 물론 식당 규모나 회전율의 한계 이상으로는 돈을 벌 수 없지만 은퇴 후에도 꾸준한 현금을 창출할 수 있다는 면에서 군겁쟁재의 원리를 넘어선 좋은 사례입니다.

## 관의 마음이 필요하다

소수의 경우를 제외하고는 오십 이후에 자산 투자가 필요한 사업을 하는 걸 권하지 않는 편입니다. 앞서 말한 것처럼 인생의 가을은 청장년에 뿌린 씨앗의 열매와 곡식을 수확하는 때입니다. 그동안 수확한 것으로 노년이라는 겨울을 나는 것이 명리학이 말하는 자연의 순리입니다. 그러나 현대에 들어 기대수명이 길어지면서 인생의 가을과 초겨울에 밭농사라도 이어가야 하는 딜레마에 놓이게 되었습니다. 논농사에서 수확한 벼를 판 돈으로 밭을 새로 사서 밭농사를 크게 벌리거나 아니면 남의 밑에 들어가 일을 하고 품을 받는 등 하나를 선택해야 하는 시대가 된 것이지요.

　선택에 앞서 가장 필요한 마음은 명리학에서 말하는 십신 중에 정관과 편관으로 대표되는 관의 속성입니다. 관은 절제도 뜻하지만 강하게 자르고 치는 의미라서 단절을 뜻하기도 합니다. 과거 체면과의 단절, 과거 씀씀이와의 단절 등 돈을 버는 방법에서 체면을 잊고 돈을 쓰는 방법에서도 이전의 습관을 잊는 것입니다.

　노년까지 우리가 살아야 할 기간이 매우 길기에 한 달에 1~200만 원의 소득을 벌 수 있다면 건강이 허락하는 한 무조건 해야 합니다. 경조사, 동창회처럼 지출성 모임을 줄이는 것도 관의 마음을 가진다면 할 수 있습니다.

　군겁쟁재는 단순히 경쟁자가 많다는 말이 아니라 내가 가진 것을 지키려면 절제와 선택이 필요하다는 경고와도 같습니다. 평생 조직인으로 살아온 이들이 은퇴 후 창업을 택할 때 군겁쟁재의 위험은 더 커집니다. 우리는 자영업자의 높은 폐업률을 언론에서 심심치 않게 보고 있습니다. 물론 생계를 위해 창업이 불가피한 경우도 있지만, 최소한 이 원리를 이해하고 들어가야 실패를 줄일 수 있습니다.

# 스스로를 알고
# 기준을 세워라

탐재괴인(貪財壞印)

명리학에서는 나를 중심으로 한 사회관계를 열 가지 속성으로 분류하고, 이를 앞서 이야기한 십신이라 부릅니다. 그중 물질적 욕망, 재물을 뜻하는 기운을 정재, 편재라고 부르며 두 개를 묶어 재성이라고 합니다. '정재'는 정해진 재물이라는 뜻으로 월급처럼 안정된 소득을, '편재'는 편향된 재물이라는 뜻으로 고위험 고소득에 따른 투자나 사업소득을 말합니다.

명리 사자성어 중에 재물 욕심이 지나치는 것을 경계하는 '탐재괴인'이라는 말이 있습니다. '재물(財, 재물 재)을 욕심내면(貪, 탐낼 탐) 인성(印星)이 파괴된다(壞, 무너질 괴)'는 뜻입니다. 인성은 십신 중에서 학문, 도덕성, 판단력을 뜻하는 기운입니다. 인성은 자신을 기준으로 음양의 다름에 따라 정인(正印)과 편인(偏印)으로 나뉩니다. 안정되고 바른 생각이나 실생활에서 자주 사용되는 보편적 학문, 기술 분야를 정인, 독특하고 개성이 강한 생각이나 학문, 기술 분야를 편인이라고 하지요. 종합하면, 재물 욕심을 과하게 내면 인성에 해당하는 학문, 도덕성, 판단력이 파괴된다는 뜻입니다.

## 탐재괴인은 언제 일어나는가

탐재괴인이 발생하는 가장 대표적인 상황은 실패 직후, 혹은 금전적으로 곤란할 때입니다. 이때 누군가가 일확천금의 방법을 제안하면 쉽게 마음을 빼앗깁니다. 퇴직했거나 퇴직을 앞둔 중년의 모습은 탐재괴인에 빠지기 쉬워 보이지 않나요? 알지도 못하는 분야에 퇴직금을 투자하거나 지인의 말만 믿고 주식에 큰돈을 넣는 경우가 그렇습니다. 물론 모두가 이렇지는 않습니다. 멘탈이 강하거나 돈과 관련한 명확한 기준이 있을 때는 탐재괴인이 발생하지 않습니다. 즉, 자기 성향에 맞는 기준과 절제가 있다면 이런 일은 잘 일어나지 않습니다.

내 마음이 강하다는 것을 명리학적으로 설명하면, 사주에 나와 같은 오행의 기운이 추가로 있을 때입니다. 십신으로는 비견과 겁재가 이에 해당합니다. 비견은 나를 뜻하는 사주 속 글자와 오행·음양이 모두 같은 경우이고, 겁재는 오행은 같되 음양이 다른 경우입니다. 결국 나와 같은 오행이 더해져 내 중심이 단단히 잡혀 있는 셈이지요.

또한 십신 중 정관, 편관으로 대변되는 관성의 기운이 있을 때도 흔들리지 않는 가치 기준이 생깁니다. 법과 규범을 의미하는 관성이 강하면 유혹을 걸러내는 힘이 생기기 때문입니다. 오행의 이치로 보면 관성은 인성을 돕습니다. 인성의 '인(印)'이 원래 도장이나 신분 패찰을 뜻하는데, 이는 관청의 관인(官印)에서 유래했습니다. 관청에 취직해 신분이 확보되어야 도장이나 출입증을 받을 수 있는 것처럼, 관성이 있어야 인성이 힘을 받을 수 있습니다.

### 스스로를 알고 기준을 만들어야 한다

은퇴 전부터 주식 공부를 열심히 한 지인이 있습니다. 그는 자기관리를 잘하는 성격으로, 다음의 원칙을 세우고 은퇴 후부터 본격적으로 주식투자를 시작했다고 했습니다.

- 첫째, 은행이자보다 몇 퍼센트 이익이 나면 매도할지 나름의 기준을 정한다.
- 둘째, 명확한 손절 기준을 준수한다.
- 셋째, 정기적으로 투자 이익을 다른 통장에 넣어 초기 투자금을 보전한다.
- 넷째, 절대로 신용으로 투자하지 않는다.
- 다섯째, 포트폴리오의 대부분을 단타 중심으로 매수, 매도한다.
- 여섯째, 하루에 세 시간 이상은 모니터 앞에 앉는다.

그의 원칙이 주식 전문가들의 눈에 옳고 그른지는 중요하지 않습니다. 누군가는 다른 조언을 건넬 수도 있습니다. 그러나 핵심은 그가 자신의 성격에 맞는 기준을 세웠다는 점입니다. 스스로를 돌아보니 성격이 급해 오래 기다리지 못하고, 위험에 대한 두려움도 커서 장기투자는 어렵다고 판단했고, 그래서 '로우 리스크(low risk) 단타 투자'를 자신의 방식으로 선택했습니다.

그의 사주에는 비겁과 관성의 요소가 모두 존재합니다. 비겁은 나와 같은 오행으로 자기 주관을 뜻하니 스스로의 성격을 파악하고 자기관리를 잘하는 데 도움이 됩니다. 물론 너무 많으면 고집쟁이가 됩니다. 관성은 법령 수준으로 지켜야 하는 준거 기준이니 원칙을 세워 지키는 데 도움이 됩니다. 물론 관성이 잘 자리 잡은 사주라고 해도 다른 십신들의 영향으로 개인의 리스크 성향은 달라질 수 있습니다.

퇴직 후 일거리를 찾는 방법은 여럿입니다. 이분처럼 단타 투자를 할 수도 있고, 해외 특정 국가의 지수 상품에 장기적으로 투자할 수도 있습니다. 또 주식에는 눈길조차 주지 않고 시간제 일감을 찾아 일정 시간만 일하며 연금소득에 월 소비를 맞추는 방식을 택할 수도 있습니다. 중요한 것은 각자의 성향에 맞게 경제활동의 중심을 잡고 선택의 기준을 분명히 하는 일입니다.

## 누가 들어도 이상한 이야기에는

어떤 지인은 은퇴 준비를 잘해 수도권에 자가 아파트를 보유하고, 노후에도 매달 3~400만 원의 현금흐름을 확보해 둔 상태였습니다. 그러나 지인의 권유로 특정 사업 아이템에 갑자기 '꽂혀' 친인척에게 수억 원을 빌려 경험조차 없는 분야에 투자했습니다. 주변에서 만류하는 이들이 많았지만 그는 충분히 조사했다며 확신했습니다. 하지만 사업 실패를 인정하기까지는 그리 오래 걸리지 않았습니다.

생활 수준의 기준은 사람마다 다르지만, 적어도 이분은 우리

나라 통계 기준으로 보면 매우 안정적인 노후를 준비한 경우여서 더욱 안타까웠죠. 이런 사례를 사주로 분석해 보면 실제로도 해당 시기에 운이 좋지 않았던 경우가 많습니다. 그러나 굳이 사주를 들여다보지 않아도 누구나 이상하다고 여기는 일은 실제로도 잘 풀리지 않는 경우가 많습니다. 명리학은 초자연적인 예언이 아니라 세상의 상식적인 작동 원리를 음양오행으로 풀어낸 것에 불과하기 때문입니다. 문제는 운이 막힐 때가 되면 평소 똑똑하던 사람도 엉뚱한 이야기를 정상처럼 믿어버린다는 데 있습니다.

새로운 기회를 앞두고 있다면, 지금 내가 혹시 '탐재괴인' 상태에 빠져 있지 않은지 먼저 확인해 보시기 바랍니다. 방법은 의외로 가까이 있습니다. 가족이나 오랫동안 나를 지켜본 친구에게 내 마음속 목표와 이를 달성하기 위한 계획을 솔직히 말해 보십시오. 그리고 이렇게 물어보는 겁니다.

"나 혹시 지금 평소보다 많이 들떠 있어?"
"네가 보기에 내가 정말 잘 할 수 있는 분야인 것 같아?"

옆에서 보면 더 잘 보입니다. 단, 이를 위해서는 평소에 가족, 친구와 진심을 이야기하는 관계로 잘 만들어 놓아야겠지요.

# 지금껏 살던 방식이
# 가장 나다운 방식

재다신약(財多身弱)

　사주 공부를 막 시작했을 무렵, 주변 사람들에게 생년월일시를 물어보며 사주풀이 연습을 하곤 했습니다. 제가 갓 공부를 시작한 줄은 알고 있었지만 그래도 본인 사주를 공개한 사람 입장에서는 자기 인생이 당연히 궁금했겠지요. 그때 가장 많이 꺼냈던 말 중 하나가 바로 '재다신약'이었습니다.

　"너는 재다신약이니까 사업은 하지 마라."

　제 지인들 대부분이 회사원이었으니 사업가 팔자가 적은 것은 당연한 일이었습니다. 그런데도 제가 그렇게 말만 꺼내면 다들 호기심 가득한 눈빛으로 '이유가 뭐냐', '나도 내가 사업 체질 아닌 건 안다'며 이야기를 이어갔고, 덕분에 대화가 한층 흥미롭게 흘러가곤 했습니다.

## 오십에 무리한 사업을 하면

재다신약은 직역하면 '재물이(財, 재물 재) 감당하지 못할 정도로 너무 많아(多, 많을 다) 내 몸의 기운이(身, 몸 신), 약해진다(弱, 약할 약)'는 뜻입니다. 십신에서 재물을 뜻하는 것은 정재(안정적 소득)와 편재(투자나 사업소득)이고, 이를 합쳐 재성이라고 했습니다. 그런데 재성이 사주에 너무 많으면 모두 내 것이 되지 않고 오히려 돈에 나의 기운이 빨려 나가게 된다고 봅니다. 주변에 돈은 많지만 정작 그것을 내 것으로 만들 힘이 부족하다는 의미입니다. 일부 예외적 사례는 있지만 대체로 그렇습니다. 이럴 경우, 오히려 돈을 다루는 금융권이나 조직의 관리부서에서 월급쟁이를 하며 남의 돈 관리를 하는 것은 괜찮다고 봅니다.

재다신약 말고도 사업을 권하지 않는 몇 가지 패턴들이 있지만 공통된 결론은 있습니다. 삼사십 대를 월급 받으며 계속 살아온 사람이 오십이 돼서 사업가 팔자로 바뀌는 경우는 매우 희

박하다는 겁니다. 경제활동의 전성기를 어떻게 살아왔는지를 보면 돈과 관련해서 자신의 팔자를 알 수 있습니다.

그런데 문제는 오십 대가 되면 퇴직을 하거나 퇴직을 앞두고 있기에 자기 사업을 처음으로 고민하게 된다는 점입니다. 퇴직 전문가, 창업 전문가들의 견해도 귀담아들어야겠지만 명리의 시선은 단순합니다.

평생 살아온 삶의 무기는 잘 안 바뀌고, 바꾸는 것도 위험합니다. 따라서 월급이 적더라도 봉급생활을 하던 사람은 조직 생활이 가능한지 알아보는 것이 우선입니다. 만약 그것이 어렵다면 개인사업자이지만 프리랜서처럼 시간을 투입해 소득을 벌 수 있는 자격증을 따거나 전문 기술을 중심으로 일하는 것이 차선책입니다. 법적으로는 사업자더라도 정시 출근, 정시 퇴근을 하는 회사원의 틀을 유지할 수 있기 때문입니다. 그마저도 어렵다면 저위험 저소득의 사업 아이템을 찾아야 하지만 경기가 어려울 때 권하기는 쉽지 않습니다.

## 익숙한 것에서 답을 찾는다면

K 씨의 사례가 좋은 예입니다. 평생 회사원으로 살던 K 씨는

오십 대에 부동산 중개사 자격증을 취득해 제2의 인생을 시작했습니다. 그는 큰 금액이 움직이는 아파트나 상가매매는 하지 않고, 서울의 1인 가구가 많은 역세권의 오피스텔 매매와 월세 중개에만 집중하고 있습니다. 아파트 부동산 경기는 좋을 때도, 나쁠 때도 있는데 본인이 이 부분을 예측할 자신이 없기에 선택한 전략이라고 했습니다. 그는 세입자의 작은 문의도 집주인이 신경 쓰지 않도록 최대한 중간에서 처리하며 신뢰를 얻기 위해 노력합니다. 한 건 한 건의 수수료는 크지 않지만 사무실 임대료를 내고 생활비를 벌면 된다는 목표를 가지고 있습니다.

팔자에 사업운이 없어도 K 씨처럼 돈을 버는 모습이 회사원스러우면 사업을 할 수 있습니다. 회사원스러움이란 요약하자면 성실함을 기반으로 저위험의 적정 소득을 취하는 모습입니다.

오십은 사회적 경험도 많고 체력적으로도 여전히 건강한 나이입니다. 그래서 무엇이든 할 수 있을 것 같지만 사실 이전에 살던 방식이 가장 잘하는 방식입니다. 그렇기에 명리학에서는 계속 사업을 해 왔던 분이 아니라면 익숙한 방식을 크게 벗어나지 않는 것이 안전하다고 말합니다.

물론 조직생활만 하다 창업에 성공해 인생 2막을 행복하게 누리는 사람들도 적지 않습니다. 업계에서 쌓은 평판과 인맥, 전문지식을 살려 외국 기업 제품의 한국 대리점을 연 분, 자녀의 대학 입시를 돕던 경험을 바탕으로 입시 컨설턴트로 변신한 분, 취미였던 음악 감상이 수준급이 되어 관련 카페를 연 분까지 그 모습은 다양합니다. 이들의 공통점은 분명합니다. 직장과 가정, 취미 등 지금까지의 경험 속에서 자신만의 역량을 쌓았고, 이를 바탕으로 새로운 시작을 했다는 점입니다. 이전과 전혀 다른 분야에서 성공한 오십 대 창업자도 분명 있지만 익숙함에서 출발하는 것은 실패의 위험을 줄이는 가장 현실적인 전략입니다.

많은 커리어코칭 전문가들도 경력 전환의 출발점을 '인접 영역(adjacent capabilities or area)'에서 찾으라고 조언합니다. 이때의 '인접성'이란 단순히 내가 잘하는 일만을 뜻하지 않습니다. 나에게 동기부여를 주는 일, 흥미를 일으키는 영역까지 포함됩니다. 오랜만에 한 번 스스로에게 물어보세요. "지금 내게 익숙하고 여전히 마음이 움직이는 것은 무엇인가?" 하고 말입니다.

# 나만의 원칙이
# 이끄는 삶

진법무민(盡法無民)

　직장인에게는 회사의 규칙이, 사업가에게는 고객의 요구가 행동의 기준이 됩니다. 그러나 은퇴 후에는 상황이 다릅니다. 따라야 할 상사의 지시도 없고 고객의 눈치를 볼 일도 없습니다. 통제와 기준 없는 삶의 시작이지요. 명리학에서는 지나친 억압도 문제라고 보지만, 전혀 제약이 없는 방종의 상태도 경계합니다. 무엇이든 균형이 핵심이라는 이야기입니다. 전혀 통제되지 않는 개인의 상태를 '진법무민'이라 부릅니다. '법(法, 법 법)이 힘과 권위를 다해(盡, 다할 진) 따르는 백성이(民, 백성 민) 없다(無, 없을 무)'는 뜻입니다. 지켜야 할 기준이 무너져 제멋대로 흘러가는 상태를 경고하는 말입니다.

## 관의 기운과 삶의 틀

관성은 나를 다스리는 기준을 말합니다. 관은 크게 세 가지 의미로 나뉩니다. 첫째, 관청으로 상징되는 공공기관입니다. 공공기관은 나라의 법을 집행하는 곳이므로 따라야 할 법이나 기준을 의미합니다. 둘째, 명예입니다. 관청에서 일해 승진을 하면 사람들이 우러러봅니다. 직위에 따라 사회적 명예를 얻지요. 셋째, 자녀입니다. 부모에게 자녀는 사랑스럽고 귀한 존재이면서도 동시에 잘 키워 사회로 내보내야 하는 부담과 책임감을 갖게 하는 존재입니다. 회사에 사표를 내려다가도 자녀 등록금을 생각해 참는 가장의 모습을 떠올려 보면 쉽게 이해할 수 있습니다. 자녀는 가장에게 행동의 제약을 가져오지요.

지켜야 할 규칙, 사회적 시선, 자녀의 앞날은 모두 나를 힘들게 하지만 동시에 일정한 삶의 틀에서 벗어나지 않는 삶을 살게 합니다. 이런 것들이 있기에 방종으로 나아가지 않는 것입니다.

관의 기운이 지나치게 강하면 숨이 막히지만 너무 약해도 문제입니다. 관을 해치는 기운을 상관(傷官, 관을 상하게 한다)이라고 하는데, 관의 기운이 과하게 나를 누를 때는 상관의 기운으로 적절히 관을 제어할 필요가 있습니다. 그러나 관의 기운이 매우 약한 사람에게 관을 더 상하게 만들면 법이 없는 무법천지, 즉 진법무민이 됩니다.

은퇴한 사람은 관이 없거나 있더라도 매우 약한 상태라고 할 수 있습니다. 이런 사람이 자기 마음대로 행동하면 세상의 궤도에서 어긋나게 됩니다. 안 그래도 틀과 기준이 약화된 상태여서 마음 가는 대로 하다가 크게 고생할 수 있기에 은퇴했다면 진법무민을 경계해야 합니다.

## 마음대로 살면 안 되는 중년의 나이

물론 '이제부터라도 내 마음대로 살고 싶다'는 생각이 들 수 있습니다. 돈과 시간이 그렇게 많이 들지 않는 취미 생활을 할 때라면 그래도 됩니다. 하지만 재취업이나 창업을 하면서 이전보다 가족과 보내는 시간이 늘어났을 때 내 기준만 고집한다면 갈등이 생기기 쉽습니다. 재취업 면접에서 자기 나름의 강한 관점을 강조하는 나이 든 후보자는 선택될 확률이 매우 낮지요. 창업도 마찬가지입니다. 주변의 조언이나 시장의 분위기를 충분히 경청하고 이해하지 않은 채로 평소 하고 싶던 방향대로 밀어붙이면 1~2억 원이 사라지는 데 채 1년도 걸리지 않습니다.

정년퇴직을 한 H 씨는 처음 두어 달은 집에서 인터넷으로 새

일자리를 알아봤습니다. 간혹 면접이 잡히거나 헤드헌터를 만나는 날에는 밖에 나갔지만 대부분은 집에 있었습니다. 그러다 보니 늦게 자고 늦게 일어나며 하루에 걷는 시간이 10분이 되지 않는 날도 있었습니다. 스스로 '이래서는 안 되겠다'라는 생각이 들었다고 합니다. 그래서 집 근처 공유 오피스의 가장 저렴한 자리를 빌려 매일 아침 9시까지 가서 저녁 6시까지 머물렀습니다. 비용은 다소 들었지만 다른 사람들이 일하는 모습을 보며 생기를 얻고 긴장감을 유지할 수 있었고 이는 구직 활동에도 도움이 되었습니다. H 씨는 스스로에게 관의 기운을 더해 새로운 챕터에 한 발짝 가까이 다가간 셈입니다.

퇴직을 했다는 것은 관을 떠났다는 것이고, 관은 곧 통제와 기준입니다. 그렇기에 은퇴 후에는 의도적으로라도 새로운 기준과 루틴을 만들어야 합니다. H 씨처럼 인위적인 루틴을 만드는 것은 관의 기운을 일부라도 회복한다는 측면에서 매우 중요합니다.

또한 관의 기운은 준거 기준입니다. 새로운 일에 대한 선택의 기준이 아직 명확하지 않다면 큰 투자금이 들어가는 행동은 자제하는 것이 좋습니다. 오히려 기준을 찾기 위해 고민하고 그 과정에서 많은 사람들의 이야기를 참고해야 합니다. 오십 이후는 나만의 스타일이 고착화된 나이라 보편적으로 통제력이 약화된 시기인데 혹시 마음이 꽂혀서 빨리, 과감히 무언가를 하고 싶은 욕망이 생긴다면 십중팔구 상관의 기운이 강해진 신호일 수 있습니다. 일부의 경우를 제외하고 은퇴 전후에 강한 상관의 기운이 들어온다면 조심해야 합니다. 이십 대라면 패자부활전이 있겠지만, 오십, 육십 대는 일단 실패하면 큰 고생을 하는 나이입니다. 뒤늦게 청춘이라고 생각하기보다 새로운 것을 두려워하는 마음이 최악을 피하는 데는 오히려 낫습니다. 자유와 절제의 균형을 찾을 때 은퇴 후의 삶은 무너지지 않고 오히려 새롭게 열립니다.

# 이제는 마음의 우선순위를
# 챙겨야 한다

관살혼잡(官殺混雜)

먼 옛날에 직장은 곧 공직이었습니다. 높은 직위이건 아니건 관청에 소속되어 있었지요. 그래서 현대의 사주명리에서도 회사와 관련된 해석에서는 관성을 이야기합니다. 정관은 직장뿐 아니라 보편적인 규칙이나 법령, 조직의 규율을, 편관은 군인, 검찰, 경찰과 같이 강한 기준으로 움직이는 조직을 뜻합니다. 또한 편관은 엄격한 규칙이나 법령, 조직의 규율 자체를 의미하기도 합니다. 편관의 강함이 지나칠 때는 '살(殺)'이라고도 부릅니다. 아주 강한 관운은 상대를 통제하는 데 그치지 않고 제압, 소멸시킬 수도 있다고 보기 때문입니다.

'살'이라는 말과 '관'이라는 말이 같이 사용되면, '살'은 편관을, '관'은 정관을 뜻하기도 합니다. 정관과 편관이 여러 개가 섞여 있는 경우도 '살'이라고 부릅니다. 정관과 편관이 여럿이면 정관도 편관처럼 강하게 상대를 치는 기운에 일조하기 때문입니다.

### 관살혼잡으로 마음이 혼란스러워진다면

태어날 때부터 사주에 정관과 편관이 섞여서 존재하는 사람들도 있습니다. 이런 경우를 '관'과 '살'이 섞여 있다고 해서 '관살혼잡'이라고 합니다. 관살혼잡을 타고나면 두세 군데 이상의 회사를 다니는 경우가 흔합니다. 조직운에 해당하는 관과 살이 여러 개면 한 직장만 바라보지 않습니다. 관살혼잡은 자신이 중시하는 기준이 여러 개라는 뜻도 됩니다. 일관성이 부족하니 시기의 변화에 따라 조직에 대한 기대가 바뀌고, 그래서 한 직장에서 장기근속하기 어렵게 되지요. 다만, 기준이 여러 개라고 생각할 수도 있어서 유연성 측면에서는 장점일 수도 있습니다.

그런데 오십 정도의 나이가 되면 관살혼잡이 사주에 있건 없건 모두 관살혼잡의 환경에 속하게 됩니다. 한 직장에 오래 다닌 회사원이라도 은퇴를 고민하게 되므로 현재 직장만을 믿을 수 없게 되지요. 조직인이 다른 곳으로 눈이 가는 마음은 관살혼잡을 타고난 사람의 마음과 같습니다.

정관, 편관 등으로 통칭되는 관성은 조직뿐 아니라 법령, 기준 등도 의미한다고 했습니다. 관살혼잡이 되면 서로 다른 기준이 머릿속에 존재해 쉽게 결정하기 힘들어 답답한 마음이 생기기 쉽습니다. 한 직장에 오래 다닌 사람일수록 관살혼잡의 마음이 들면 힘들게 됩니다. 한 조직을 오래 다녔다는 것은 그 조직의 원칙에 익숙하고 다른 기준을 생각해 본 적이 없기 때문입니다. 팔자에 없는 관살혼잡이 중년의 시기에 등장하면 더 당황스럽기도 합니다. 그러면 어떻게 하는 것이 관살혼잡을 다루는 데 최선일까요?

퇴직이 머지않은 나이가 되면 월급을 받는 현재 조직의 행동 기준과 제2의 인생을 찾아가기 위한 행동 기준 사이에서 갈등하게 됩니다. 그러다 보니 미래를 준비하기 어려운 경우가 많습니다. 머릿속에서는 자격증 공부나 부업 계획 등을 세우고 있는데 정작 조직에 속해 있다 보니 잘 되지 않습니다. 만약 현재 직장에서 주요 보직을 맡고 있다면 더욱 어렵습니다.

이때 가장 중요한 것은 마음의 우선순위를 정하는 일입니다. 그러나 현재 직장을 미래의 준비에 활용할 수 있다면 굳이 선택의 고민을 하지 않아도 됩니다.

A 씨는 건물관리 관련 자격증을 따고 관련 취업을 해서 은퇴 후 안정적인 월수입을 기대하던 오십 대 직장인입니다. 자격증을 준비하면서 이 자격증을 이용해 취업하기 위해서는 실무 경력이 필요하다는 사실을 알게 됐습니다. A 씨는 직장을 다니며 주말 및 평일 저녁에 공부해 자격증을 취득한 뒤 평소 관계가 좋았던 현 직장의 관리부서 담당자를 찾아갔습니다. 현재 회사 건물관리 담당자가 있긴 해도 본인을 두 번째 담당자로 미리 등록해 줄 수 있는지 물어봤습니다. 회사 입장에서도 현재 담당자의 퇴직을 대비해 부담당자를 지정해 두는 것이 필요하다고 판단해 그의 이름을 함께 올려 두었습니다. 몇 년 뒤 실제 퇴직 시점이 다가왔을 때 그는 자격증뿐 아니라 실무 경력까지 갖춘 사람이 되어 있었습니다. A 씨는 관리자 등록을 현재 직장에서 하다 보니 자연스럽게 회사 건물 관리의 개선점이나 법령 준수 여부를 살펴보게 되었고, 덕분에 얼마 남지 않은 직장 생활에도 애정이 생겼으며 동시에 제2의 직업 준비도 탄탄히 할 수 있었습니다.

 은퇴 후 라이프 코치로 일하고자 한 B 부장의 사례도 현재 직장을 잘 활용한 경우입니다. 사람들과 대화하는 것을 좋아하던 그는 주말마다 코칭 관련 공부를 이어가 자격증을 취득했습니다. 자격증 과정에서 요구되는 코칭 시간을 채우기 위해 부서 동료들을 상담하며 실전 경험을 쌓았고, 이를 통해 자신감도 커졌습니다. 이후 인사부서와 함께 사내 멘토링 프로그램을 기획해 타부서 직원들과의 코칭 경험을 넓혔습니다. 지금은 관련 서적 집필을 준비하고 다른 기업의 코치 지망자들과도 교류하면서 네트워크를 쌓고 있습니다.

### MZ를 벤치마킹 하기

앞의 사례처럼 직장을 적극적으로 활용하기 어렵다면 선택과 집중을 해야 합니다. 미래 준비를 위해 최소한의 시간을 반드시 확보해야 한다는 뜻입니다. 직장에서 인정받으면서 동시에 다른 준비까지 병행할 수 있다면 가장 이상적이겠지만, 현실에서는 드문 경우입니다. 그렇다면 방법은 명확합니다. 업무 시간은 철저히 회사에 쓰되 퇴근 후 시간은 온전히 자신을 위해 쓰는 것입니다.

MZ세대를 떠올려 보세요. 그들은 사전 공지가 없는 야근은 정중히 거절하고 회식도 필수가 아닌 선택으로 여깁니다. 그렇게 확보한 저녁 시간을 자기계발이나 취미 활동에 투자합니다. 중년의 시각에서는 개인주의처럼 보일 수 있지만 누가 더 현명한지는 곰곰이 따져볼 일입니다. 거절하지 못해 참석했던 수많은 술자리가 지금의 나에게 얼마나 도움이 되었는지를 돌아보면 답이 보입니다.

회사의 월급을 받는 이상 근무 시간에는 충분히 그 값을 해야 합니다. 그러나 퇴근 후에는 회사 전화조차 받지 않겠다는 단호한 기준이 필요합니다. 인생의 우선순위를 다시 정하는 것이지요. 정관과 편관, 두 가지 기준이 동시에 나를 압박하더라도 결국 선택은 하나여야 합니다. 은퇴를 몇 해 앞두고도 회사의 포상만 바라는 마음으로 시간을 흘려보내면 결국 다음 커리어 준비가 전혀 되지 않은 채 정년을 맞이하는 결과를 맞이할 수 있습니다.

물론 현 직장을 충실히 다니면서 이후의 삶을 준비한다는 게 쉽지는 않습니다. 그러나 하지 않으면 안 됩니다. 이것이 오십 이후 관살혼잡을 현명하게 다루는 길입니다.

# 스스로를 다독이며
# 견뎌야 할 시기가 있다

천한지동(天寒地凍)

　겨울밤에 태어난 사람에게 '뱀띠, 말띠, 양띠 해에 일이 잘 풀릴 것이다'라고 한다면 절반은 맞는 말입니다. 타고난 계절이 너무 춥거나 더우면 사주에 영향을 주게 되고, 십이지신에서 열정적인 동물로 치는 뱀띠, 말띠, 양띠는 불의 상징이라 따뜻함을 주기 때문입니다. 반대로 여름철 대낮에 태어난 사람은 아주 예외적인 사주를 제외하고는 뱀띠, 말띠, 양띠의 해에 불리하겠지요.

　우리는 태어날 때부터 자연의 기운을 부여받는다고 보는 것이 사주명리의 기본 가설입니다. 그렇다면 여기까지 읽으신 분들께 질문을 드려 보겠습니다. 겨울철 나무가 목마르다고 해서 무작정 물을 준다면 어떻게 될까요? 나무가 물을 받아 잘 자랄까요? 차가운 물은 곧 얼어 나무의 생명을 위협하게 됩니다. 겉보기에 좋아 보이는 일도 때와 장소에 따라 약이 될 수도, 독이 될 수도 있다는 뜻이지요. 이를 잘 표현한 명리의 사자성어가 바로 '천한지동', 하늘은 차갑고 땅은 얼어붙는다는 말입니다.

'하늘은(天, 하늘 천) 차갑고(寒, 찰 한), 땅은(地, 땅 지) 얼어 있다(凍, 얼 동)'라는 표현만 보아도 겨울의 매서운 기운이 전해집니다. 얼어 죽게 생겼다면 우선 몸을 녹이라는 것이 자연의 섭리인데, 정작 우리는 가까운 가족에게조차 지금 필요한 것이 물인지 불인지를 모른 채 살아가곤 합니다. 자녀나 배우자 이야기를 꺼내기 전에 정작 나에게 무엇이 필요한지 스스로 잘 알고 있는지, 또 그것을 가장 가까운 가족에게 알린 적이 있는지도 중요합니다. 하지만 오십이 넘어가면 이런 마음을 입 밖에 꺼내기가 쉽지 않습니다.

몇 년 전 만난 중견기업 D 부장이 떠오릅니다. 그는 임금피크제에 들어가며 퇴직까지 2년 남짓 남은 시기에 있었습니다. 수도권에 자가 아파트가 있었고, 은퇴 준비도 어느 정도 되어 있었으며 자녀들 역시 대학을 졸업해 취업을 한 상태였습니다. 그러나 겉보기에 안정돼 보인 것과 달리 속사정은 달랐습니다. D 부장은 수명이 늘어난 시대에 제2의 취업을 할 수 있을까 고민하며 자격증 공부를 하고 있었고, 마음속엔 남모르는 불안이 늘 자리 잡고 있었습니다.

회사에서는 퇴직을 앞두고 눈에 띄지 않게 지내는 처지였는데, 집에서도 외톨이가 된 듯한 기분이 들어 자주 울적하다고 했습니다. 아내와 자녀들은 각자의 일정으로 바빴고, 노후를 위해 집을 줄여 차액을 마련하려는 그의 계획에 "큰 집이 좋다."며 반대했습니다. 대화가 잘 통하지 않고 노후 고민을 혼자 떠안은 기분이 들어 마음이 더 무거워졌다고 했습니다.

사주를 살펴보니, 그는 본래 차가운 기운을 타고났는데 당시 몇 년간은 금과 수의 차가운 기운이 겹쳐 들어오는 시기였습니다. 마음에 따뜻한 온기가 사라지고 여유가 없어졌으리라는 점을 짐작할 수 있었지요.

## 힘들수록 건강을 챙기고 더욱 자신감 있게

D 부장의 상황은 사실 많은 중산층 가장들에게서 반복적으로 발견되는 전형적인 은퇴 전후의 모습입니다. 평생을 회사에 헌신해 왔는데, 은퇴가 가까워지면서 갑자기 가장 가까운 환경인 가족과도 거리감이 생기고 마음까지 얼어붙는 경우이지요.

사주명리에서는 '나'와 '환경'을 명확히 구분합니다. 나를 제외한 모든 것이 곧 환경이고 그 환경이 가장 밀착되어 있는 것이 가족입니다. 문제는 운이 좋은 시기에 은퇴를 맞이하면 다행이지만, D 부장처럼 차가운 사주에 차가운 운이 겹쳐 들어오는 시기라면 가장 필요한 순간에 지지와 격려를 얻기 어렵습니다. 이럴 때 은퇴의 외로움은 배가됩니다.

그렇다면 D 부장 같은 상황에서 최선의 제안은 무엇일까요? 우선 지금이 운적으로 유리한 때인지 불리한 때인지 점검해야 합니다. 반드시 사주 분석을 하지 않더라도 일상에서 체크할 수 있는 기준들이 있습니다. 제가 상담했던 오십 대 분들 가운데 아래 체크리스트에서 세 가지 이상 '그렇다'라고 답하는 경우, 대체로 일시적이나마 운의 기운이 약화되어 있었습니다.

- 이유도 없이 피곤한 지가 오래되었다.
- 자주 가슴이 답답하고 울적하다.
- 같이 사는 가족들이 나를 이해하지 못하는 것 같다.
- 사회생활에서 혼자가 된 것 같다.
- 빨리 무언가를 하지 않으면 안 될 것 같은 불안감이 든다.
- 평소 하던 취미나 모임도 재미가 없다.
- 이전에 자신 있게 하던 일도 예전 같지 않다.

사주명리 이론은 겨울이 오면 봄이 오듯, 어려운 때가 지나면 좋은 기회가 온다고 믿습니다. 그러나 조금이라도 힘든 정도나 기간을 줄일 수 있다면 어렵지만 노력해 볼 가치가 있습니다. 다음의 방법들은 상담하면서 만난 분들 중 사주분석상 힘든 시기인데도 상대적으로 잘 지내신 분들이 공통적으로 이야기한 것들입니다.

첫째, 건강을 돌아보는 일입니다. 몸에 이상이 없는지 병원을 찾아 확인해 봐야 합니다. 의외로 오십 대에는 체질의 변화나 모르던 질환이 영향을 끼치는 경우가 많습니다. 특히 운이 불리한 시기에는 병조차 늦게 발견되는 경우가 잦기에, 선제적인 건강 관리가 무엇보다 중요합니다. 실제 상담에서도 내담자들이 가장 많이 강조한 부분이 바로 건강이었습니다.

둘째, 마음의 온도를 가족과 나누는 일입니다. 겨울나무가 따뜻한 햇불을 가장 필요로 하듯, 나 스스로가 무엇을 원하는지는 결국 내가 가장 잘 압니다. 하지만 가족들이 각자의 관점에서만 나를 바라본다면 내 마음을 온전히 읽어 주지 못할 수도 있습니다. 가장으로서 보여 주고 싶은 모습과 실제 가족들이 느끼는 모습이 달라 괴리가 생길 수도 있지요. 그렇기에 내 마음의 온도를 직접 말로 전하고 대화하는 과정이 꼭 필요합니다.

셋째, 노력으로 풀기 어려운 문제는 내 탓이 아님을 인정하는 일입니다. 불경기 속에서 오십 대가 무거운 마음을 안고 살아가는 것은 흔한 현실입니다. 이 시기의 고민은 개인의 능력 부족 때문이 아니라 사회적 환경, 혹은 타고난 운의 영향일 수 있습니다. 그러니 모든 짐을 스스로의 탓으로 돌리기보다, 때로는 '팔자 탓', '남 탓'이라고 내려놓는 것이 오히려 옳습니다. 그 과정에서 나 자신을 다독이고 스스로를 따뜻하게 지켜 내야 합니다. 남이 횃불을 내어 주지 않는다면 내 마음에 작은 불씨라도 지펴 스스로를 녹이는 것이 겨울나무 같은 우리 삶의 지혜 아닐까요.

# 땅이 촉촉해야
# 나무가 자랄 수 있다

춘양조열(春陽燥烈)

　봄은 태양이 강한 계절이지만 씨를 뿌리는 계절이기도 합니다. 씨앗이 새싹을 잘 틔우려면 적절한 물과 온도가 필수입니다. 메마른 땅에서는 식물이 자라지 못합니다. 우리가 모두 아는 상식이지요. 사주팔자를 보다 보면 흙과 불은 많이 있는데 물기가 전혀 없는 사주가 있습니다. 이런 경우 조급한 성향을 띠는 경우가 많습니다. 흙이 건조해서 갈라지는 형국이니 오행의 관점에서 건강을 살펴보면 흙과 관련된 소화기관이나 피부 관련 질환이 생길 수도 있습니다. 또 매사 조급하니 속이 쓰린 것도 이상하지 않겠지요.

## 조급함이 부른 화(禍)

대기업에 다니는 K 부장은 상사에게 충성하기 위해 부하를 압박하곤 합니다. 머리도 좋고 치밀하며 매사 필요 이상으로 일을 빠르게 끝내니 윗사람들은 그를 높이 평가합니다. 그러나 부하 직원들의 평가는 정반대입니다. 그가 입버릇처럼 내뱉는 "아이, 바쁜데.", "아이, 시간이 없는데."라는 말은 하루 이틀이 아니라 매일 반복되어서 함께 일하는 사람들로서는 노이로제가 걸릴 지경이었습니다. 팀원들끼리 모이면 "빨리 인사이동이라도 나야겠다.", "차라리 내가 나가고 싶다."는 투덜거림이 끊이지 않았습니다. 특히 그의 동기가 먼저 임원으로 승진한 뒤부터는 조급증이 더 심해졌습니다.

그의 사주를 들여다보니 봄에 태어나 불의 기운이 지나치게 많았습니다. 이를 일컫는 명리 사자성어가 바로 '춘양조열'입니다. 말 그대로 '봄의(春, 봄 춘) 태양이(陽, 볕 양) 너무 강렬해(烈, 세찰 열) 건조해지는(燥, 마를 조) 형국'을 뜻합니다. 일반적인 봄의 따스한 양기(陽氣)라면 만물이 소생하지만 기운이 과해지면 오히려 땅이 메말라 씨를 뿌려도 싹이 트지 않는 법이지요. K 부장의 성격과 조직 내 갈등도 이와 같은 맥락에서 이해할 수 있습니다.

상사에게 잘 보여 승진하고자 했던 K 부장의 마음은 때로는 엉뚱한 방식으로 드러나기도 했습니다. 늘 빠르게 일을 처리하던 그가 어느 날 금요일 오후 5시에 팀원들을 불러 모았습니다. 그리고 물었습니다. "프로젝트 일정상 이번 주까지 끝내야 할 과제들, 얼마나 더 걸려?" 팀원들이 답했습니다. "한두 시간만 더 하면 마무리됩니다." 그러자 K 부장은 이렇게 말했습니다. "오늘은 금요일이니 다들 퇴근해서 불금을 즐겨. 대신 내일 토요일 오후 1시에 다시 모여서 마무리하자." 팀원들은 어리둥절했습니다. 금요일을 즐기라면서 토요일 출근을 지시하다니, 앞뒤가 맞지 않았기 때문입니다.

하지만 일단 토요일에 나와 한 시간 만에 일을 끝낸 팀원들은 곧 이유를 알게 됐습니다. 오후 2시부터 상사인 전무에게 주간 업무보고 이메일을 정성스레 작성하던 K 부장이 의미심장하게 말했습니다. "봐, 지금 메일 보낸 시간이 토요일 오후잖아? 전무님이 얼마나 감동하시겠어. 우리 팀이 주말까지 헌신한다고 보여 주는 거지. 기획 업무는 결과만이 아니라 얼마나 최선을 다했는지가 증명의 포인트거든. 하하하."

그러나 요즘의 젊은 직원들은 이런 방식을 참아 넘기지 않았습니다. 곧 그의 행태는 회사 안팎으로 소문이 퍼졌고, 마침내 공식적인 평가에도 반영되었습니다. 일부 기업들은 360도 평가를 통해 팀원들의 의견을 임원의 승진 심사에 반영하기 때문입니다. 결국 그는 원하던 임원 승진과 멀어지고, 작은 계열사의 팀장 자리로 전보 발령을 받았습니다.

## 내 마음에 물 주기

K 부장의 문제는 크게 두 가지였습니다. 첫째, 자신의 여유 없음이 고스란히 말투에 드러나 팀 분위기를 흐린 점입니다. 요즘처럼 경쟁이 치열한 환경에서 누구나 상사에게 잘 보이고 싶은 마음은 있습니다. 하지만 그런 마음을 드러내지 않고 속으로 숨기는 것이 매너입니다. 그런데 그는 생각나는 대로 바로 내뱉는 성격 탓에 바쁘다는 말을 달고 살았고, 결국 스트레스는 팀원들의 몫이 되고 말았습니다. 실제로 사주에서 흙과 불만 많고 물이 부족한 사람들은 자극에 즉각 반응하는 성향이 있습니다.

둘째, 마음의 여유가 없다 보니 타인의 마음을 살필 틈조차 없었다는 점입니다. 조직에서 선후배가 서로 가치를 교환하며 '윈-윈(Win-Win)' 관계를 이루려면, 우선 상대가 무엇을 원하는지부터 알아야 합니다. 그러나 K 부장은 직속 상사의 기대를 채우는 데만 몰두했을 뿐 정작 동료나 부하 직원이 원하는 것에는 관심조차 두지 않았습니다. 결국 남과의 균형을 이루지 못해 함께 좋은 운을 만들어 갈 기회를 스스로 놓친 셈입니다.

K 부장은 애초에 사주가 그러했지만, 사실 '춘양조열'이 아니더라도 오십 즈음이면 누구나 조바심을 내기 마련입니다. 사십 대 중반부터는 유능한 후배들이 내 자리를 위협하는 것 같고, 경영진들은 나의 가치를 알아주지 않는 듯합니다. 승진이 더뎌지면 정년까지 자리를 못 지킬까 봐 더욱 불안해집니다. 아직 어린 자녀를 돌봐야 하거나 노후를 위한 든든한 기반이 부족한 상태일 수도 있습니다. 사주와 상관없이 마음의 흙이 바짝 메마르는 나이가 바로 오십인 셈입니다.

이 글을 읽는 분들 중에도 지금 마음이 메마르다고 느끼는 분이 계시다면, 사주명리의 작은 처방 하나를 알려드리겠습니다. 동영상 플랫폼에 들어가 바다 영상을 검색해 보십시오. 파도 소리가 함께 담긴 영상이면 더욱 좋습니다. 물론 주말에 직접 강이나 바다, 호수를 보러 가는 게 이상적이지만 당장 사무실에서 답답하고 갈증이 느껴질 때는 10분만이라도 물의 풍경을 보고 물소리를 들어 보시기 바랍니다. 마음의 건조함이 한결 가라앉고 메마른 기운이 촉촉이 풀릴 테니까요.

## 2장.
# 운명을 경영하는 기술

현실의 문제를 해결하다

# 너무 단단하면
# 쓰임이 없다

금실무성(金實無聲)

큰 종이 울리는 이유는 속이 비어 있기 때문입니다. 만약 속까지 쇠로 꽉 차 있다면 아무리 두드려도 맑은 소리는 나오지 않겠지요. 명리학에서는 사람도 이와 비슷하다고 봅니다. 단단하기만 한 사람은 울림이 없고, 오히려 비워진 자리가 있는 사람이 쓰임이 있다는 겁니다. 이때 쓰이는 말이 바로 금실무성입니다. 글자 그대로 풀면 '쇠가(金, 쇠 금) 꽉 차(實, 가득찰 실) 있으니 소리(聲, 소리 성)가 나지 않는다(無, 없을 무)'라는 뜻이지요.

사주명리에서는 금의 기운이 지나치게 강하고, 다른 글자들까지 같은 기운으로 채워져 있으면 종처럼 속이 꽉 막혀 울림이 없다고 풀이합니다. 쉽게 말해 고집이 세서 남의 말이 잘 들어

오지 않는 경우입니다. 그렇다면 원래부터 고집이 강한 사주만 금실무성의 우려가 있는 것일까요? 사실 사람은 누구나 나이가 들수록 자신만의 습관을 쉽게 바꾸기 어렵습니다. 올바른 습관이라면 다행이지만, 그렇지 않다면 고집은 더 나쁜 쪽으로 굳어집니다. 오십 이후에도 바뀌지 않는 좋지 않은 습관은 후천적으로 형성된 금실무성이라 할 수 있습니다. 마치 안쪽에 녹이 차올라 울림이 사라져 가는 종과도 같지요.

문제는 '나쁜 습관'이라는 게 꼭 술, 담배처럼 뚜렷이 해로운 것만을 뜻하지 않는다는 데 있습니다. 회사에 자주 지각하는 것처럼 눈에 띄는 버릇은 누구나 개선이 필요하다고 인정하지만 내가 볼 때는 괜찮은데 다른 사람 눈에는 불편하게 보이는 습관들도 있지요. 사회생활에서 애매하고 미묘한 갈등이 생기는 순간이 바로 여기에서 비롯됩니다. 다음의 사례가 바로 그런 경우입니다.

### 아무리 내가 옳더라도

국내 굴지의 대기업 마케팅 부서에서 일하던 Y 부장은 요즘 말로 '일잘러'였습니다. 과장과 차장 시절 기획한 아이템들이 크게 성공했고, 참신한 아이디어와 누구보다 빠른 실행력이 그의 무기였지요. 진급도 남들보다 빨랐습니다. 하지만 부장이 된 뒤부터 다른 문제가 생겼습니다.

이제는 아이디어와 실무만이 아니라, 여러 부서와 소통해야 하는 자리에 선 것이지요. 어느 날 그룹 관리부서와 새로운 마케팅 활동을 두고 토론을 하던 자리에서 Y 부장은 결국 언성을 높이고 말았습니다. 관리부서는 마케팅 전문가는 아니지만 손익 관점에서 계열사의 주요 과제를 점검하는 임무를 가진 곳이었습니다. 오너를 가장 가까이서 보좌하는 핵심 부서이기도 했고요. 하지만 Y 부장은 시장과 고객을 잘 알지도 못하는 사람들이 뻔한 질문으로 하루가 급한 현장을 발목 잡는다고 느꼈던 겁니다.

결과는 어땠을까요? 관리부서는 그를 '일은 잘하지만 리더가 되면 곤란한 사람'으로 낙인찍었습니다. 임원 승진 기회는 그 순간 멀어졌습니다. 신입 시절부터 과장, 차장에 오를 때까지 Y 부장이 살아온 방식은 언제나 같았습니다. 옳다고 믿는 아이디어를 내고 설득해서 빠르게 실행하는 것. 그 방식이 계속 성공하다 보니 그는 점점 고집스러운 사람으로 굳어졌습니다. 결국 내부 소통 능력이 떨어졌고 그것이 관리부서와의 회의에서 그대로 드러난 것이지요.

사회생활도 그렇습니다. 같은 모습이라도 때와 장소에 따라 높이 평가받기도 하고, 반대로 치명적인 약점으로 보이기도 합니다. 명리가 말하는 자연의 흐름에 흑백논리나 절대적인 선악이 없는 것처럼, 우리 삶의 현장에도 늘 회색지대가 존재하는 법입니다.

후천적 금실무성이 된 Y 부장은 다행히 새로운 기회를 만났습니다. 그를 높이 평가하던 옛 상사가 중견기업 대표로 자리를 옮기면서 Y 부장을 임원급 부서장으로 데려간 것입니다. 사내 소통이 어려운 부분은 선배였던 대표가 나서서 도와주었고, Y 부장이 실무 성과에 집중할 수 있도록 길을 열어 주었습니다. 그러면서도 '당신처럼 능력 있는 사람이 왜 대기업 임원이 되지 못했는가'라는 질문을 던지며 아프지만 꼭 필요한 조언을 아끼지 않았습니다.

새 회사에서 Y 부장은 몇 년 동안 탁월한 성과를 냈습니다. 물론 사람이 하루아침에 변할 수는 없었기에 가끔 모기업 관리자들과 작은 마찰은 있었습니다. 그러나 예전처럼 공개적으로 언성을 높이는 일은 거의 사라졌습니다. 선배의 꾸준한 코칭 덕분이었지요. K 부장의 이야기는 결국 해피엔딩으로 이어집니다. 성과를 인정받은 그는 다른 회사의 대표이사로 초빙되었고, 지금은 가끔 회의에서 목소리를 높이기는 해도 함께 일하기 어려운 수준은 아니라고 합니다. 최소한 오너의 보좌진과 정면충돌하는 일은 없다고 합니다.

돌이켜보면, Y 부장이 한 말 중 틀린 내용은 하나도 없었습니다. 제3자가 보아도 그의 주장은 옳았습니다. 하지만 문제는 전달 방식이었습니다. 현실에서는 '무엇을 말하는가'만큼 '어떻게 말하는가'가 중요합니다. 그룹 관리팀의 눈에 그는 단단하지만 울림 없는 종처럼 보였던 겁니다. 스스로는 크고 단단한 종이라고 자부했지만, 정작 상대에게 소리가 들리지 않는다면 아무 소용이 없습니다. 세상에서 가장 견고한 종이 될 것인가, 아니면 가장 아름다운 소리를 내는 종이 될 것인가는 전혀 다른 문제입니다.

금실무성의 이 사례는 오십을 넘긴 우리에게도 생각할 거리를 줍니다. 내가 그동안 살아온 방식 가운데 혹시 지금의 나를 붙잡고 있는 습관은 없는지, 나만 모르고 있던 단점이 남들에게 이미 보였던 것은 아닌지 한 번쯤 돌아볼 필요가 있습니다.

# 시대에 맞게 조금씩
# 나를 변화시킨다

제살태과(制殺太過)

　요즘 대기업들은 직급 체계를 단순화하고 있습니다. 예전처럼 사원, 대리, 과장, 차장, 부장, 이사, 상무, 전무, 부사장, 사장으로 이어지던 체계 대신, 이제는 팀원 – 팀장 – 임원 – 대표로 줄어드는 추세입니다. 원래 과장은 '과(課)'의 책임자, 부장은 '부(部)'의 책임자라는 뜻이었지만 현실에서는 오래전부터 군대 계급처럼 굳어져 버렸습니다. 최근 기업들이 이 본래 의미로 돌아가 실무자와 책임자로 구도를 바꾸다 보니, 고참 부장도 팀원 신분이 되는 경우가 많아졌습니다.
　그래서 새로 생긴 광경이 있습니다. 호칭을 직급 대신 '○○○ 프로', '○○○ 님'으로 통일하면서 나이나 연차에 상관없이 모두가 같은 방식으로 불리게 되었습니다. 하지만 아들·딸 또래 후배에게 '○○○ 님'이라고 불리는 경험은 아직 많은 오십 대들에게 어색하고 낯섭니다. 이제 나이대접이 사라지고 있는 이런 조직 문화에서 어떤 마음을 가져야 하는지, 그리고 이와 관련된 명리의 사자성어 제살태과를 함께 살펴보고자 합니다.

## 요즘 시대에 내려놓아야 하는 제살태과의 자세

제살태과는 직역하면 '살(殺, 죽일 살)을 제어하는(制, 누를 제) 정도가 너무(太, 클 태) 지나치다(過, 지날 과)'라는 뜻입니다. 여기서 '살'은 두 가지로 풀이됩니다. 첫째, 조직을 뜻하는 정관이나 편관이 지나치게 많아 조직이 나를 옥죄는 경우를 뜻하고, 둘째, 편관 자체를 가리켜 규율이 과도하게 엄격한 조직을 뜻합니다. 오십 이후 팀원이 되거나 팀장 자리를 맡았다가 다시 팀원이 될 수 있는 불안한 구조, 그리고 그 속에서 느껴지는 답답함이나 불안감은 명리학에서 말하는 '살'의 기운으로 비유할 수 있습니다.

문제는 '살'이 주는 압박을 어떻게 다루느냐에 있습니다. 그대로 두면 버겁고 지나치게 눌러 버리면 또 다른 문제를 낳습니다. 조직에 대한 기운 자체를 부정해 버리면 회사원으로서의 기반이 무너지는 셈이지요. 명리에서는 이런 상태를 바로 제살태과라고 부릅니다. 조직의 답답함에 맞서 싸우려는 마음이 지나쳐 결국은 조직 생활 자체를 버티기 어렵게 만드는 상황입니다.

여기서 딜레마가 생깁니다. 규율을 따르자니 자존심이 상하고, 거부하자니 조직에 남기 힘든 것. 이런 현실을 그대로 보여 주는 사례가 있습니다.

대기업에서 28년을 근속한 M 씨는 몇 년 전까지만 해도 부장으로 팀장을 맡고 있었습니다. 하지만 연말 인사에서 임원 승진에 실패했고 팀장 자리마저 후배에게 넘어갔습니다. 명예퇴직을 선택할 수도 있었지만 아직 자녀가 어려 팀원으로 남기로 했습니다. 이후 회사는 직급을 단순화하며 임원 – 팀장 – 팀원 체계로 개편했고 호칭도 연차와 상관없이 '님'으로 바뀌었습니다. 삼사십 대 후배들은 금세 적응했지만, M 씨는 여전히 어색하고 때로는 자존심이 상했습니다. 결국 고민 끝에 평소 멘토로 생각하던 선배를 찾아가 조언을 구했습니다. 주로 외국계 기업에서 커리어를 쌓아 온 그 선배는 M 씨에게 새로운 시각을 가져 보라고 권했습니다.

서양의 많은 기업들은 직원이 일찍부터 어떤 경로로 성장할지를 정해둔다고 합니다. 누군가는 전문성을 쌓아가는 '전문가

트랙'으로, 누군가는 팀원을 거느리는 '피플 리더'로 길이 나뉘지요. 그래서 어떤 이는 젊은 나이에 빠르게 승진하기도 하고, 또 어떤 이는 30년을 다니면서도 줄곧 팀원으로 남아 있기도 합니다. 흥미로운 점은 서로 다른 길을 가더라도 주변에서 크게 신경 쓰지 않는다는 사실입니다.

M 씨의 멘토였던 선배는 이렇게 말했습니다. "한국도 점점 글로벌 스탠더드에 맞춰 조직 문화가 바뀌고 있어. 지금은 과도기라 어색할 뿐이지 결국은 적응해야만 할 거야."

그 말을 들은 M 씨는 냉정하게 현실을 받아들이기로 했습니다. 가장으로서 회사를 더 다녀야 하고 현실적으로 다시 팀장이 되기는 어렵다는 것을 인정했습니다. 그러자 오히려 새로운 관점이 열렸습니다. 자신은 팀원으로 '강등'된 것이 아니라 리더의 길에서 전문가의 길로 옮겨 간 것이라고 생각하기 시작한 겁니다. 다음 날 회사에 출근한 그는 팀장 시절 소홀했던 실무를 하나하나 점검했고, 후배들보다 빠르게 지식을 익히고 개선안을 내며 진짜 전문가로 거듭나기로 마음먹었습니다.

사실 그전까지 M 씨의 마음속에는 불만이 있었습니다. 후배 팀장에게 반항하듯 말대꾸를 하고, 아들뻘 후배가 '○○ 님'이라고 부를 때는 째려보기도 했습니다. 조직의 규칙과 문화를 거부하는, 바로 '제살태과'의 모습이었지요. 하지만 생각을 바꾼 뒤 그는 오히려 스스로를 칭찬하며 팀장과 동료들과 더 원만하게 지내기 시작했습니다.

## 새로운 프레임으로 바라보기

오십이라는 나이에 조직생활을 이어간다는 건 쉽지 않습니다. 저 역시 같은 세대라 더 공감합니다. 언제 자리에서 밀려날지 모른다는 두려움, 현장 일을 맡으면 나이대접을 못 받는 것 같은 불편함, 모두 익숙한 감정일 겁니다. 그렇다고 문화가 맞지 않는다고 즉흥적으로 회사를 박차고 나오면 어떨까요. 소나기 오는 날 우산을 던져버리는 것과 다르지 않습니다.

특히 조직문화가 맞지 않는다며 이직이나 창업을 서둘렀다가 준비가 부족해 고생하는 경우가 많습니다. 이건 현재 다니는 회사뿐 아니라, 중년에 새 직장으로 옮기거나 은퇴 뒤 계약직·프리랜서로 다른 조직과 함께할 때도 마찬가지입니다. 새로운 문화는 누구에게나 낯섭니다. 그럴수록 강하게 반발하기보다 다른 시각으로 바라보는 것이 필요합니다.

M 씨처럼 같은 상황도 다른 프레임으로 해석하며 자신을 발전시켜 나가는 모습이야말로 멋진 중년의 태도가 아닐까요. 빠

르게 변하는 조직문화 속에서 갈등을 겪는 모든 중년들이 각자의 방식으로 답을 찾아가기를 응원합니다.

# 때로는 상황에 맞게
# 최대한 이기적으로

살인상생(殺印相生)

    명리학에서 오행은 서로 맺는 관계까지 설명합니다. 관계의 유형은 다섯 가지로 정리할 수 있습니다. 먼저, 나와 같은 오행이 있습니다. 내가 목이라면 상대도 목으로, 비슷한 성향이나 동료적 관계를 뜻합니다. 다음은 내가 돕는 오행으로, 목은 불을 키우는 땔감이 되니 내가 돕는 오행은 화입니다. 반대로 나를 돕는 오행도 있는데, 목이 물을 먹고 자라듯 수가 나를 돕는 존재가 됩니다. 또 하나는 내가 통제하는 오행입니다. 나무의 뿌리가 땅을 뚫고 자리 잡듯 목은 토를 제어합니다. 마지막은 나를 통제하는 오행으로, 금속이 나무를 베듯 금이 목을 제어합니다. 이 원리는 목뿐 아니라 화, 토, 금, 수에도 동일하게 적용

됩니다.

여기서 중요한 점은, 나를 통제하는 기운이 지나치게 강해질 때입니다. 이때는 '살'이라고 부르는데, 문자 그대로 나를 억누르고 상하게 할 수 있는 기운이라는 뜻입니다. 십신 체계에서는 정관과 편관, 즉 관성이 나를 제어하는 기운에 해당합니다. 정관은 법, 제도, 공공기관처럼 안정적이고 제도적인 통제를, 편관은 규율과 경쟁, 압박처럼 더 강한 통제를 뜻합니다. 그런데 정관과 편관이 여러 개 겹쳐서 한꺼번에 작용하면 그 압박이 '살'로 드러납니다.

이 '살'은 이름만 들어도 위협적이며 운이 나쁠 때는 사고, 다툼, 송사, 구설처럼 다양한 모습으로 나타나기도 합니다.

## 살과 맞서지 말라

옛날에 '살을 맞는다'는 것은 호랑이에게 물려가거나 관아에 끌려가는 일을 뜻했습니다. 오늘날에는 법정 다툼, 직장 내 갈등, 구설, 갑작스러운 사고 등이 이에 해당합니다. 노력만으로 모든 살을 피할 수는 없지만, 개인 차원에서 지혜롭게 대응할 수 있는 방법은 분명히 있습니다.

앞서 설명했듯, 살이란 나를 지나치게 통제해 결국 상하게 할 정도의 강한 관성을 말합니다. 나무를 자르는 큰 도끼, 불을 끄는 거센 물줄기, 흙을 파헤치는 거대한 뿌리, 금속을 녹이는 용광로, 물을 가로막는 흙더미 모두 살의 이미지입니다.

살을 다스리는 첫 번째 방법은 살에 해당하는 글자를 제어할 만큼의 다른 큰 기운을 쓰는 것입니다. 다만 살을 다른 기운으로 누르려면 나 자신의 큰 에너지를 사용해야 합니다. (부록의 '십신' 내용 참고) 예를 들어, 십신에서 살(관성)을 누르는 기운은 식신·상관 같은 식상인데, 이는 곧 내 노동과 활동을 의미하므로 힘이 소진됨을 뜻합니다.

보다 현명한 방법은 '살인상생'입니다. 이는 살의 에너지가 곧바로 나를 치지 못하게 하고 다른 곳으로 흘려보내는 방식입니다. 이론적으로 살은 나를 억누르려 하지만 동시에 나를 돕는 인성에도 작용하기 때문에, 살이 인성을 돕고 인성이 다시 나를 돕는 구조가 만들어집니다. 즉 살이 인성을, 인성이 나를 돕기에 살인상생이라 하며, 한자 해석은 '살이(殺, 죽일 살) 인성을(印, 도장 인), 인성이 나를 도와 서로(相, 서로 상) 돕는(生, 날 생) 모습'이 됩니다. 조금 어렵지요? 예를 들어 설명해 보겠습니다.

내가 불이라면 큰 물은 나를 치는 살이 됩니다. 하지만 그 옆에 나무가 있다면, 물은 먼저 나무에 양분을 주고 그다음에야 불을 끄려 듭니다. 불인 나를 돕는 땔감이 곧 나무이므로 나무는 나의 인성이 됩니다. 반대로 나무의 입장에서 보면 물을 먹고 자라니 물은 나무의 인성이 됩니다. 그러나 불인 나에게 물은 불길을 끄려 하기 때문에 관성이 됩니다. 물이 강할 때는 내게 살이 되는 것이지요.

오행 이론에서는 상대를 제압하기보다 먼저 돕는 작용이 이루어진다고 보기 때문에 이렇게 해석합니다. 인성의 기운은 힘과 도움을 뜻하며 현실에서는 공부, 지식, 자격증, 학위, 문서운, 판단력, 지혜 등으로 나타납니다. 한마디로 머리를 쓰는 기운이라고 할 수 있지요. 내가 애써도 다툼이나 구설에 휘말릴 수 있지만 지적인 노력을 통해 어느 정도 방패막이를 할 수 있는 이유가 명리학적으로 설명되는 것입니다.


### 오십에 유리한 인성이라는 무기

나이가 들수록 유리한 무기는 체력이 아니라 머리와 지혜입니다. 살과 정면으로 부딪히기보다 우회하거나 분산시키는 아이디어가 필요합니다.

은퇴 후 동문 모임에 나가던 지인이 있었습니다. 모임을 조금 더 즐겨 볼까 하던 차에 회장직을 맡은 동기가 회비를 관리하는 총무 자리를 권했습니다. 그는 오래 고민하지 않고 그 제안을 거절했습니다. 자주 참석했던 선배 몇몇이 불평이 잦다는 걸 잘 알고 있었기 때문입니다. 총무의 자리는 보람도 있지만 구설에 오를 위험도 크다고 본 것이지요. 그는 부담을 갖는 대신 다른 방식으로 모임에 기여하면 된다고 생각했습니다.

오십쯤 되면 미안함이나 체면보다 실속을 챙길 줄 아는 지혜가 생깁니다. 과거에는 미안한 마음 때문에 억울한 손해를 본 적이 많았다면, 이제는 굳이 같은 실수를 반복할 이유가 없습니다.

물론 살을 완전히 피할 수 없는 순간도 있습니다. 유산 정리를 하다 뜻하지 않게 분쟁에 휘말린 형제들을 상담하다 보면 이런 경우가 많습니다. 이럴 때는 어쩔 수 없습니다. 가진 지적 자원을 총동원해 손해를 줄이고 이익을 키우는 쪽으로 대응해야 하지요. 그리고 스스로를 다독여야 합니다. "모든 살을 피할 수는 없다. 하지만 나는 이 상황에서 최선을 다했다."라고 말입니다.

호랑이를 만났다면 가장 먼저 도망치는 것이 본능이듯, 때로는 이기적으로 보일 만큼 자기 보호에 집중해야 합니다. 이는 비겁함이 아니라 살아남기 위한 최소한의 본능입니다.

살인상생은 오십 이후 우리가 가져가야 할 태도와 지혜를 알려줍니다. 체면보다 실속, 정면 승부보다 현명한 회피. 이것이야말로 더 길어진 인생 2막을 지혜롭게 버텨내는 힘이 됩니다.

# 명예보다 실속이
# 더 중요해진다

명관과 마(明官跨馬)

지난 세대의 직업관은 지금과 사뭇 달랐습니다. 교사는 후학을 길러내는 존재로, 공무원은 나라를 위해 일하는 존재로 존경받았습니다. 그러다가 어느 순간부터는 정년과 소득 안정성 때문에 의사 등의 라이선스 직업에 눈길을 주는 사람이 많아졌지요. 유사한 이유로 요즘 어린이들의 장래희망 1순위는 유튜버와 같은 인플루언서입니다. 당분간 직업 선택 기준은 크게 달라질 것 같지 않습니다. 경제적 기반을 중심으로 생각하겠지요.

고도성장기 이전만 해도 교사나 공무원은 경제적으로도 안정적인 직업이었습니다. 그러다 고도성장기에는 주목을 덜 받았고 1997년 IMF를 거치면서 정년이 보장되는 공직이 다시 인기를 얻었습니다. 그리고 21세기에 들어 반도체·통신·자동차 산업이 급성장하면서 사기업 고연봉 직군의 인기가 치솟았지요. 요즘은 의사·변호사·약사와 같은 전문직을 많이들 선호합니다. 산업의 부침은 10년 단위로 크게 변한다는 사실을 사람들이 체감하게 되었지요.

명리에도 이 같은 현실이 오래전부터 반영돼 있습니다. 명관과마라는 사자성어가 대표적입니다. '관(官)'은 명예, '마(馬)'는 재물을 뜻하는데, '명예가 명확히(明, 밝을 명) 드러나는 것은 재물 위에 올라타(跨, 올라탈 과) 있을 때다'라는 뜻입니다. 돈 없는 명예는 오래 가지 못한다는 사실을 옛사람들도 알았던 겁니다. 가난한 선비가 집안에서 구박받던 옛이야기나 돈으로 벼슬을 사던 사례를 떠올려 보시면 됩니다.

## 실속 있는 나이, 오십

오십 대는 은퇴가 현실로 다가오는 시기입니다. 그렇다고 돈만으로 살 수는 없습니다. 사회적 관계에서 인정받는 경험이 필요합니다. 사주에서 말하는 '관'의 기운은 꼭 직장에서 직함을 얻는 것만이 아니라 누군가에게 인정과 칭찬을 받는 것까지 포함합니다. 후배들에게 밥을 사 주며 고맙다는 말을 듣는 것도 관의 기운을 채우는 순간이고, 좋은 성과로 고객이나 상사에게 칭찬받는 것도 마찬가지입니다.

문제는 은퇴 후입니다. 소득이 줄면 재운(財運)도 약해지고 자연스럽게 관운(官運)도 약해집니다. 돈도 칭찬도 줄어드는 것이지요. 그래서 은퇴한 선배들이 한결같이 하는 말이 있습니다. "입은 다물고 지갑은 열어라." 재물이 명예를 낳는다는 명리의 이론, 곧 명관과마를 생활 속에서 풀어낸 말입니다.

하지만 현실은 녹록지 않습니다. 은퇴 후에도 넉넉한 재물을 가진 사람은 드뭅니다. 그렇다면 방법은 선택입니다. 무엇을 할 것인가보다 무엇을 하지 않을 것인가를 정하는 선택 말입니다. 무언가를 하려면 돈과 에너지가 들지만, 하지 않기로 결정하는 데에는 마음이면 충분합니다.

부자가 아니더라도 노후를 잘 지내는 사람들을 보면 공통점이 있습니다. 하지 않을 것을 현명하게 골라낸다는 점입니다. 경조사나 동창회에 무리하게 참석하지 않는 것, 비용이 많이 드는 모임 대신 동네 운동이나 소박한 친구들과의 만남을 택하는 것, 이런 선택이 쌓여 삶을 편안하게 만듭니다. 인맥 다이어트를 하지 못해 고생하는 경우도 많지만, 결국 돈이 없으면 화려한 명예도 없는 것이 냉정한 현실입니다.

그렇다고 관계를 다 끊으라는 말은 아닙니다. 돈이 덜 드는 새로운 모임, 봉사활동 같은 곳에서도 얼마든지 존경과 인정의 기운을 얻을 수 있습니다. 중요한 건 내 형편에 맞게 실속을 지키는 일입니다.

퇴직을 앞둔 저 역시 걱정이 없는 건 아닙니다. 그래서 요즘은 일부러 새로운 인맥을 만들지 않습니다. 대신, 가진 돈이 많지 않아도 함께 할 수 있는 사람들만 남기며 인맥을 줄이고 있습니다. 갑작스러운 퇴직이 찾아와도 충격을 덜 받으려는 작은 연습이기도 합니다.

어릴 때부터 '실속을 챙겨라'라는 말을 많이 들었지만, 진정한 실속은 오십 이후에야 비로소 의미가 더해집니다. 명예보다 실속, 그것이 인생 2막을 준비하는 가장 현실적인 태도가 아닐까요.

# 운을 탁하게
# 만들지 말라

거탁유청(去濁留淸)

사주 공부를 처음 시작했을 때 가장 이해하기 어려웠던 개념 중 하나가 '맑음'과 '탁함'이었습니다. 맑음을 청(淸)이라 하고, 탁함을 탁(濁)이라 부르는데, 단순히 한 가지 기준으로 나뉘는 것이 아니기 때문입니다. 오행의 흐름, 사주의 '격(格)'이라는 성격적 틀, 그리고 균형을 맞추어 주는 용신(用神) 등이 복합적으로 작용해 결정됩니다. 중요한 건, 사주가 맑은 사람은 운이 나빠도 곧 회복하지만, 사주가 탁한 사람은 운이 기울 때 크게 흔들린다는 점입니다.

사람마다 타고난 청탁의 차이가 있지만 적어도 살면서 더 탁해지지 않도록 관리하는 건 우리의 몫입니다. 이와 관련된 명리 사자성어가 바로 거탁유청입니다. 글자 그대로 '탁함은(濁, 탁할 탁) 물러가고(去, 갈 거) 맑음이(淸, 맑을 청) 남는다(留, 머무를 유)'는 뜻입니다. 원래는 사주에 탁한 글자가 있더라도 이를 제어하는 다른 기운이 있어 결과적으로 맑아지는 상황을 가리키지만, 일상의 태도로도 충분히 풀어낼 수 있습니다.

### 나를 탁하게 만드는 사람의 유형

제 경험상 완전히 맑은 사주는 드뭅니다. 우리 모두 깊은 산속의 학이나 백로처럼 살 수는 없습니다. 약간의 탁함은 살아가는 데 큰 문제가 되지 않습니다. 중요한 건 더 탁해지지 않도록, 즉 나를 탁하게 만드는 환경을 피하는 일입니다. 그리고 그 환경은 결국 사람과의 관계에서 비롯됩니다.

오십 이후를 기준으로 보면, 나를 탁하게 만드는 사람은 크게 세 부류로 나눌 수 있습니다.

첫째, 불안을 이용하는 사람입니다. 퇴직금을 노리고 사업 제안을 한다는 이야기를 종종 듣습니다. 물론 진심으로 돕고자 하는 이들도 있지만, 내가 잘 알지 못하는 분야에 '빨리 결정하라'는 말을 하는 사람이라면, 탁한 기운이라고 봐야 합니다. '청'한 투자라면 차분히 검토할 시간을 주거나 애초에 내 차례까지 오지 않았을 가능성이 큽니다. 설령 남이 그 투자로 돈을 벌었다 해도 내 삶을 지키는 것이 더 중요합니다.

둘째, 교제 비용이 과한 관계입니다. 상대의 마음은 호의일 수 있지만 나는 치킨과 맥주로 충분하다 싶은데 상대가 늘 와인, 스테이크, 골프 모임만 선호한다면 은퇴 후에도 이어가기엔 무리입니다. 고위직에 있을 땐 상관없을지 몰라도 오십 이후엔 반바지에 운동화 차림으로 동네 식당에서 만나도 즐거운 사람만 남기는 게 지혜입니다.

셋째, 오랜만에 다시 나타난 과거 인연입니다. 추억을 나누는 한두 번의 만남은 좋지만 끈끈하게 이어지려 할수록 오히려 탁한 기운이 될 가능성이 큽니다. 명리에서는 사람도 환경, 곧 운의 흐름이라고 봅니다. 한 번 끊어진 인연이 오랜 시간이 지나 다시 찾아온다면 이미 사라진 흐름이 억지로 되살아난 것일 수 있습니다. 상담 경험상 오십 이후에는 추천할 만한 인연이 아니더군요.

기업 임원으로 일하다 최근 퇴직한 N 씨에게는 요즘 작은 고민이 있습니다. 현직에 있을 때는 회사 법인차에 기사도 있어, 골프 모임에서 맥주 몇 잔 정도는 별문제가 없었습니다. 하지만 퇴직 후에는 모든 게 달라졌습니다. 소득은 줄었는데 골프 비용은 여전히 부담스럽고 직접 운전까지 해야 하니 라운딩 뒤 맥주 한잔조차 편히 즐기기 어려웠습니다. 한 달에 한 번 필드에 나가는 것도 빠듯한데, 예전 지인들은 여전히 자주 연락을 해왔습니다.

물론 그들이 나쁜 의도를 가진 것은 아닙니다. 하지만 그들과의 관계가 이제는 예전처럼 '맑다(淸)'고 말하기는 어렵습니다. 이런 경우는 아쉽지만 거리를 두는 것이 좋습니다. 한 달에 한 번만 함께 라운딩을 하거나, 동네 스크린 골프를 편히 즐길 수 있는 사람을 새로 찾는 편이 낫습니다. 골프를 좋아하는 N 씨의 마음은 진심이기에 부담이 아닌 즐거움으로 이어가야 하기 때문입니다.

## 오십 이후 붙잡아야 할 기준

오십이 넘어 퇴직을 맞이하면 누구나 갑작스레 줄어드는 사회적 만남에 당황합니다. 일 때문에 맺었던 관계는 자연스럽게 끊기고, 마음이 맞던 사람들과의 모임조차 소득 차이와 생활 방식 때문에 점점 부담이 됩니다. 그럼에도 습관처럼 만남을 이어가다 보면 결국 마음은 '탁'해집니다. 관계가 더는 예전처럼 청하지 않기 때문입니다.

  생각해 보면 신입사원 시절 처음 사회에 적응할 때도 쉽지 않았습니다. 마찬가지로 인생의 첫 커리어를 마무리하는 오십 이후에도 새로운 적응이 필요합니다. 이 시기 우리가 붙잡아야 할 기준은 단 하나, '내 마음이 편한가'입니다. 결국 그것이 거탁유청, 탁함을 비우고 맑음을 남기는 길이겠지요.

# 나를 막는 병을 알아야
# 길도 열린다

제거기병(除去其病)

 살다 보면 인생 전체를 흔드는 큰일은 없더라도 그때그때 몸이 아플 수 있습니다. 과거를 거창하게 돌아볼 필요 없이, 지금 아프면 우선 낫고 보는 게 먼저입니다. 명리에서는 이를 두고 '팔자에 존재하는 특정한(其, 그 기) 병적 요소(病, 질병 병)가 있다면 찾아서 제거(除去)해야 운이 좋아진다'고 설명합니다.
 전문적인 이론은 복잡하지만, 쉽게 말하면 내 마음을 크게 잠식하는 부정적 대상(사람이나 일, 때로는 가족관계까지)이 바로 병적 요소입니다. 단순한 스트레스와는 차원이 다릅니다. 누군가의 이름만 들어도 심장이 철렁 내려앉거나 밥을 먹다가도 그 일이 떠올라 가슴이 답답해진다면 이미 '병'의 수준인 것이지요. 중요한 건 부정적인 기억이 얼마나 오래됐는지가 아니라, 지금 내 마음에서 차지하는 비중입니다. 빨리 발견하고 다루지 않으면 실제 질병으로까지 이어질 수 있습니다.

## 가까운 관계가 마음을 병들게 할 때

문제는 이런 병이 대개 쉽게 끊기 어려운 관계 속에서 생긴다는 데 있습니다. 직장 동료나 가족처럼 나와 매일 얽히는 사람들이 그렇습니다. 오히려 끊기 힘드니 병이 되는 것이지요.

병에도 단계가 있습니다. 처음부터 관계 자체가 병드는 것은 아닙니다. 대부분은 사실을 제대로 이해하지 못하고 쌓인 작은 오해에서 비롯합니다. 이때 풀지 않으면 소통의 문제가 발생하고 점차 관계 자체가 병들기 시작합니다. 더 나아가 그 사람 자체가 내 인생의 짐처럼 여겨지고, 마지막 단계에 이르면 아무리 성실한 사람이라도 더는 참기 어려운 상태가 됩니다. 그쯤 되면 냉정하게 거리를 두는 것도 필요합니다.

다만, 거기까지 가기 전까지는 수많은 되돌림의 기회가 있습니다. 초기에 문제를 인식하고 소통을 바로잡는 것, 내 마음을 병들게 하지 않으려는 노력이 바로 그 기회입니다.

조금 극단적이지만 흥미로운 사례가 하나 있습니다. 증권사에 다니는 B 과장은 결혼 직후부터 시어머니와의 갈등으로 큰 스트레스를 받았습니다. 어떻게 소통해야 할지 몰라 1년 넘게 마음을 졸이다 보니 단순한 소통 문제가 아니라 관계 자체가 병처럼 느껴질 정도였습니다.

어느 날 일이 특히 힘들었던 날, 집에 돌아온 B 과장은 시어머니가 남편 앞에서 자신을 심하게 꾸짖는 상황을 맞닥뜨렸습니다. 살림과 관련된 이야기였는데, 그 순간 더는 참지 못하고 남편의 뺨을 세게 치며 이렇게 말했습니다. "어머니가 저를 괴롭히시면 당신 아들도 돌려받습니다."

본인도 나중에 돌아보며 '내가 정말 그랬나?' 싶을 만큼 충동적인 행동이었지만, 그날 이후 상황은 완전히 달라졌습니다. 시어머니는 더 이상 일상적으로 간섭하지 않았고 명절에만 얼굴을 보는 관계가 되었습니다.

물론 이런 방식이 정답일 수는 없습니다. 하지만 속병이 드느니 차라리 한 번 분명히 선을 긋는 것이 낫습니다. 남편 역시 어머니와 아내 사이에서 중재하지 못했기에 그녀는 '이혼하느냐, 골병드느냐'의 기로에서 스스로 선택할 수밖에 없었습니다. 사실 이런 상황에서는 아들이 더 일찍 나서야 했습니다. 남편은 어머니의 아들이지만, 아내는 어머니와는 법적으로 '남'이니까요.

## 무엇이 병(病)인지부터

병은 초기에 다루지 않으면 결국 수술에 가까운 극단적 방법을 써야 합니다. 사실 나의 마음을 조금만 이기적인 관점에서 들여다보면 팔자 속 병적 요인을 '감지'할 수 있습니다. 분석이라기보다 느낌에 가깝습니다.

오십 이후에 사회적으로 여전히 전성기를 보내는 사람도 있지만, 대체로 은퇴를 앞두거나 이미 은퇴한 경우가 많습니다. 걱정과 근심이 늘어나는 시기지요. 그렇기에 마음을 불편하게 하는 것이 있다면 용기를 내어 정체를 정확히 들여다봐야 합니다. 인간관계가 문제라면 '살을 빼는 마음'으로 관계 다이어트를 해야 하고, 경제적 문제라면 '왜 나는 그 기준을 고집하는가'부터 돌아봐야 합니다.

한 사례로, 오십 후반의 가장 L 씨는 자녀의 입시를 위해 무리해서 학군지에 전세를 얻었습니다. 다행히 입시는 성공적이었습니다. L 씨는 목적을 달성했으니 이제 생활 수준에 맞는 곳으로 이사를 가려 했습니다. 그러나 부인과 딸은 "이미 쌓은 인간관계가 많다. 가려면 혼자 가라."고 반대했습니다. 은퇴를 앞둔 그는 두 집 살림을 할 수 없었고 계속 전세를 유지하자니 부담스러웠습니다.

그렇다고 부인과 딸이 '병'은 아닙니다. 정확히 말하면 소통이 부족했던 것이 병의 원인이었습니다. 경제 현실을 놓고 진지하게 대화한 적이 거의 없었고, 식사 자리에서 건넨 말이 전부였으니까요. 결국 L 씨는 차분히 여러 번 대화를 시도했습니다. 다행히도 반복된 소통 끝에 가족은 가장의 고민을 이해했고 현실을 함께 고민하기 시작했습니다.

오십은 체력도 떨어지고 일일이 가족과 소통하는 일이 버겁게 느껴질 수 있는 나이입니다. 그러나 중요한 관계라면 병이 되기 전에 소통의 단계에서 풀어내는 것이 현명합니다. 물론 몇 번이고 노력했는데도 전혀 받아들여지지 않는다면, 그때는 나만의 노후를 준비하는 선택도 필요합니다. 하지만 최소한 그전까지는 끝까지 대화해 보는 게 좋습니다.

# 때로는
# 내 주변의 변화가 필요하다

급신이지(及身而止)

살다 보면 잘 풀리던 일이 갑자기 막히거나 예상과 전혀 다르게 흘러가는 순간을 경험하게 됩니다. 명리에서는 이런 상황을 급신이지라고 부릅니다. 글자 그대로 풀면 '나에게(身, 몸/나 자신 신) 이르고(及, 미치다/이르다 급)서야(而, [접속사]말 이음 이) 멈춘다(止, 멈출지)'라는 뜻입니다.

명리학적으로는 오행의 돕는 순서(목→화→토→금→수)가 나를 뜻하는 자리에서 끊어졌을 때를 말합니다. 쉽게 말해 내가 하고자 하는 일이 더 이상 나아가지 못하는 상태입니다. 그런데 이때 문제의 원인을 곧바로 '내 탓'으로 돌리면 곤란합니다. 준비 부족이나 노력 부족이 아니라 흐름 자체가 막힌 상황일 수 있기 때문입니다.

그래서 명리에서는 나 자신을 고치는 것보다 내 주변의 변화를 점검하고 조율하는 것을 권합니다. 기운이 나에게 들어오는 쪽인지 나에게서 흘러 나가는 쪽인지 어디에서 막혔는지를 살펴봐야 합니다.

## 막힘을 점검하는 두 기준, 인성과 식상

십신 이론으로 보면, 나에게 들어오는 기운은 인성입니다. 정인은 정규 지식·공부·기술, 편인은 예술적이거나 독창적인 분야의 지식과 경험을 뜻합니다. 둘 다 나를 돕는 기운이지요. 반대로 나에게서 나가는 기운은 식상(食傷)입니다. 식신은 한 가지 일을 꾸준히 이어가는 힘, 상관은 여러 일을 강하게 추진하는 에너지입니다.

결국 급신이지는 나라는 개인도 자연의 일부이자 하나의 시스템으로 본다는 명리의 시각에서 비롯됩니다. 그래서 일이 안 풀릴 때는 '내가 부족한가?'라며 자책하기보다 한 발 물러서서 흐름의 어디에서 막힘이 생겼는지를 객관적으로 살펴보는 것이 현명한 자세입니다.

**[인성 – 정인/편인] 이해의 과정에 문제가 있는지를 확인하는 질문**

• 일을 부탁한 상사나 고객의 목표가 내 이해와 같은가?
• 필요한 자원(시간·인력·비용)이 제때 투입되었는가?
• 일에 필요한 지식·정보·기술이 충분한가?

**[식상 – 식신/상관] 행동의 과정에 문제가 있는지를 확인하는 질문**

• 내가 만든 결과물이 상대의 목표에 부합한다고 판단하는가?
• 그 판단에 대해 상대와 나의 의견이 일치하는가?
• 예기치 못한 변수가 생겼다면 품질·비용·작업시간 중 어디의 문제인가?

혼자 하는 일이라도 '나'에게만 초점을 맞추지 말고 전체 '상황'을 바라보는 자세가 필요합니다. 마치 풍경화를 보다가 어울리지 않는 색이 하나 튀어 있는 것을 발견하는 것처럼요. 지금은 내 문제라 절실하고 안타깝게 느껴지지만, 한 발짝 떨어져 대자연의 눈으로 보면 내 삶의 굴곡은 그저 생로병사라는 큰 흐름 속의 작은 사례일 뿐입니다. 물론 평범한 인간으로서 이렇게 객관적인 시선을 갖기란 쉽지 않습니다. 그래서 더더욱 미리 질문을 준비해두고 상황을 객관화해 점검하는 습관을 들여야 합니다.

## 대자연의 눈으로 바라보기

실제로 컨설턴트 D 씨는 고객사의 경영진단을 할 때 이 방법을 씁니다. 인터뷰에 응하는 직원들은 '혹시 내가 잘못했나?'라는 불안감에 방어적으로 변하기 쉽습니다. 그럴 때 '당신이'가 아니라 '상황이'라는 화법으로 묻는 순간, 현장이 더욱 협조적으로 바뀐다고 합니다. 개인적으로 쓰던 질문법이 오히려 고객과의 신뢰를 쌓는 데 도움이 되었다는 이야기가 인상적이었습니다. 명리가 말하는 '대자연의 눈'으로 상황을 객관화하는 태도와도 닮아 있습니다.

사회 경험이 많아도 나와 남의 문제 앞에서는 쉽게 감정적으로 변합니다. 칭찬에는 들뜨고 비판에는 움츠러드는 게 당연합니다. 하지만 목표가 문제 해결이라면, 결과도 내고 과정도 기분 좋게 만드는 방법을 굳이 외면할 이유는 없습니다. 지금부터라도 '인성'과 '식상'을 기준으로 자신이 아닌 상황을 점검하는 습관을 가져 보면 어떨까요? 작은 질문 하나가 생각보다 큰 변화를 가져올 수 있습니다.

3장.
# 관계를 맺는 지혜

중년의 인간관계를 경영하다

# 도움과 인연은
# 의외의 길에서 다가온다

순환상생(循環相生)

인간관계와 사회적 속성을 열 가지로 구분해 십신이라고 부르지만, 태어난 생년월일시로 만들어지는 팔자는 여덟 글자뿐이니 당연히 모든 속성을 다 포함할 수는 없습니다. 그래서 각자의 팔자는 불완전하면서도 고유한 운명의 DNA가 되는 것이지요.

오행(목·화·토·금·수)은 십신의 뿌리로 각각이 양(陽)과 음(陰)으로 나뉘어 열 가지가 됩니다. 다섯 기운이 팔자에 다 들어 있는 경우도 드물게 있지만, 중요한 것은 단순히 다 갖췄느냐가 아니라 그 배열입니다.

## 서로를 살리는 오행의 질서, 순환상생

나무는 불을 키우고, 불은 흙을 따뜻하게 합니다. 흙은 오랜 세월 쌓여 금이 되고, 금은 물을 만들어내지요. 물은 다시 나무에 생명을 줍니다. 이렇게 이어지는 흐름이 바로 오행의 '상생(相生)'입니다. 이 순서대로 배열된 팔자는 원만하고 아름다운 사주라 할 수 있습니다. 사자성어로는 순환상생, 즉 '돌고(循, 돌 순) 돌아(環, 고리 환) 서로(相, 서로 상) 살아나게 한다(生, 날 생)'는 의미입니다.

물론 이런 이상적인 팔자는 거의 없습니다. 그래서 우리는 부족한 부분을 운의 흐름에서 보완하기도 하고 누군가와의 인연을 통해 채워 나가기도 합니다. 하지만 인연 역시 완벽할 수는 없다는 데 순환상생의 비밀이 있습니다.

그런데 나를 직접 도와줄 사람을 찾지 못한다 해도 내가 먼저 다른 이를 도울 수 있습니다. 그 사람이 또 다른 누군가를 돕고 그 도움의 흐름이 커지면 결국 나에게로 돌아옵니다. 내가 속한 직장이나 모임, 사회 안에서 언젠가 나를 도와줄 기운이 생겨나는 것이지요.

이것이 순환상생의 참뜻입니다. 개인의 사주가 완전하지 않아도 서로 돕는 관계망 속에서는 부족한 점이 메워집니다. 선진 사회가 제도와 시스템을 통해 도움의 순환을 만들어 내는 것도 같은 맥락입니다. 결국 도움과 인연은 우리가 예상하지 못한 길을 따라 언젠가 반드시 내게 돌아옵니다.

## 우연처럼 다가오는 '필연'

실제로 순환상생의 오묘함을 체험한 분이 있습니다. A 교수는 예상치 못한 사건으로 소송에 휘말렸습니다. 법적 지식도 없어 당황한 그는, 자신의 결백을 증언해 줄 사람이 절실했습니다. 그러나 같은 학교 동료 교수들은 모두 조심스러워하며 거리를 두려 했습니다. 그때 뜻밖에도 평소 이름만 들었을 뿐 말 한 번 섞어본 적 없는 타 학교 교수가 자청해 증인으로 나섰습니다.

당시 소송은 학계에 이미 널리 알려져 있었습니다. 그리고 A 교수의 학문적 성취, 솔직한 성품, 어려운 이들을 돕는 태도 역시 학계에 전해지고 있었습니다. 그 평판을 듣고 평소 호감을 갖고 있던 교수가 결국 발 벗고 나선 것입니다.

소송이 끝난 뒤 A 교수는 이렇게 말했습니다. "내가 직접 도와줬던 사람들은 정작 날 도와주지 못했습니다. 그런데 내가 돕지 않았던, 같은 커뮤니티의 누군가가 결국 나를 도왔습니다.

인연과 도움은 의외의 길에서 찾아오더군요."

겉보기엔 우연 같지만 명리의 관점에서는 필연에 가깝습니다. 직접 도와주지 못한 사람들조차 그의 평판을 만들어 주는 징검다리 역할을 했을 수 있기 때문입니다. 인연의 맥락 속에서 누군가는 돌처럼 묵묵히 자리를 지키며 다리를 이어 주고 있었던 셈입니다.

어떤 분들은 순환상생을 단순히 믿음의 영역이라 생각할 수 있습니다. 하지만 내가 속한 집단에서 내 역할을 다하고 주변에 어려워하는 사람들을 도우며 사는 사람이 많아질수록 나에게 도움으로 돌아올 확률도 커집니다.

예전 농촌 사회에서는 그 네트워크가 눈에 보일 정도로 가까웠습니다. 그러나 오늘날은 관계가 느슨하고 일시적이어서 언제 어떻게 보답이 돌아올지 알기 어렵습니다. 그럼에도 명리를 공부하는 이들은 이렇게 말합니다. "내 선행의 결과는 반드시 돌아온다. 다만 어디를 통해 오는지를 알 수 없을 뿐이다." 아마도 이 믿음을 가진 사람들이 많아질수록, 개인이 채우지 못한 순환상생의 완결성이 사회라는 더 큰 틀 안에서 이루어지지 않을까요? 다가오는 운(運)은 못 바꿔도, 남을 도와 복(福)을 지을 수는 있습니다.

# 모두에게는
# 각자의 옳음이 존재한다

왕희순세(旺喜順勢)

매년 1월이면 어김없이 전화를 걸어와 한 해의 흐름을 묻던 오십 대 투자사 대표가 있었습니다. 그런데 얼마 전, 연말연시도 아닌데 갑자기 연락이 왔습니다. 사전 약속 없이 전화를 하지 않는 분이라 조금 놀라며 받았는데, 30여 분 넘게 이어진 대화는 결국 세 문장으로 요약되었습니다.

"그동안 가족에게 헌신했는데 다 소용없더군요."
"인생은 혼자인 것 같습니다."
"남은 인생은 어디에 마음을 붙여야 할까요."

사업이 망한 것도, 건강에 큰 문제가 생긴 것도 아니었지만 목소리에는 깊은 허탈감이 묻어 있었습니다. 경제적으로 여전히 부유하고 가족도 모두 건강했습니다. 하지만 마음은 공허하다는 이야기였습니다. '돈이 행복을 좌우할 수는 있어도, 돈이 곧 행복은 아니다'라는 말이 떠올랐습니다. 그리고 문득 생각난 사자성어가 있었습니다. 바로 왕희순세입니다.

## 때론 정면 돌파보다 현명한 회피를

왕희순세는 '왕성한 것(旺, 왕성할 왕)은 흐름(勢, 형세 세)에 순응하는 것을(順, 따를 순) 기뻐한다(喜, 기쁠 희)'라는 뜻입니다. 쉽게 말해 대세가 강하게 흐를 때는 막지 말고 따르라는 이치입니다. 홍수가 났는데 작은 둑으로 막으면 둑만 무너지고, 큰 불길을 작은 물로 끄려 하면 오히려 불길이 번집니다. 차라리 물길을 터주거나 불이 스스로 꺼지기를 기다리는 것이 현명합니다.

대표의 상황이 꼭 그랬습니다. 원래 성격이 유연한 분이지만, 배우자와 자녀의 사주는 특정 오행의 기운이 강한 편이었습니다. 공교롭게도 올해는 배우자의 기세가 더 거세지는 시기였고 자녀 역시 마음이 편치 않은 시기였습니다. 그러니 배우자는 평소보다 더 자기주장이 강했고, 자녀도 효심 어린 모습과는 거리가 생길 수밖에 없었습니다. 대표는 마침 회사에서는 자신을 '돈줄'로만 보는 것 같고 집에서는 위로를 받지 못하니 울컥한 것이지요.

저는 이렇게 말씀드렸습니다. "대표님, 좋은 소식과 안 좋은 소식이 있습니다. 어떤 걸 먼저 들으시겠습니까?" "안 좋은 것부터 말해보세요." "지금 상황은 답이 없습니다. 사모님 사주가 올해는 유독 강해서 누구도 이기기 어렵습니다. 대표님이 한 발 물러서셔야 합니다." "(한숨을 쉬며) 그럼 좋은 소식은 뭡니까?" "이건 1년짜리 고민이라는 겁니다. 출장에 휴가 며칠 붙여 혼자 머리 좀 식히시지요."

불길처럼 세차게 번지는 기운은 억지로 막는다고 잦아들지 않습니다. 차라리 잠시 피하고, 기세가 집안보다는 바깥에서 발산되도록 여지를 만드는 것이 지혜입니다. 왕희순세의 핵심은 '왕성한 것에는 순응하고 대항하지 말라'는 데 있습니다. 팔자는 타고나지만 그 세기는 시기마다 달라집니다. 잠시만 피하면 지나갑니다.

그 대표는 제 말을 듣고 올해는 가족과 부딪히는 시간을 줄이고 개인 일정을 늘려 보기로 했습니다. 그것만으로도 마음이 한결 가벼워졌다고 하더군요.

## 헛된 힘을 쓰기보다 가볍게 흘려보내기

원래 왕희순세에서 말하는 '왕성하다'는 개념은, 태어날 때 오행(목·화·토·금·수) 중 한두 가지 기운이 유독 강하게 주어진 경우를 뜻합니다. 하지만 오십을 넘어 살다 보면 타고난 오행이 강하든 약하든 상관없이 결국 그 기운들을 쓰고 살아온 흔적이 내 성격과 습관이 됩니다.

예를 들어 어떤 사람의 사주에 물이 두 개, 나무가 두 개, 흙이 두 개, 금속이 하나, 불이 하나 있다고 합시다. 겉보기에는 다섯 가지 기운이 고르게 갖춰져 있어 특별히 강한 팔자는 아닙니다. 그러나 오십 년쯤 그 기운들을 반복해서 쓰다 보면 어릴 적 잠재적 모습들이 생활 습관으로 굳어집니다. 남보다 강하고 약한 차원을 떠나 쉽게 바뀌지 않는 '나만의 방식'으로 자리 잡는 것이지요.

흔히 '사람 고쳐 쓰는 것 아니다'라는 말을 합니다. 나이 들수록 더 그렇습니다. 오십 이후의 삶에는 누구나 양보하기 어려운 자신만의 생활 방식이 생깁니다. 그렇다면 남의 왕성한 기세를 이해하고 받아주는 것이 능사가 아닙니다. 내 굳어진 습관을 받아들이지 못하는 사람을 굳이 붙잡고 씨름할 필요도 없습니다. 때로는 나를 고치려 애쓰기보다 맞지 않는 사람이나 환경을 슬

쩍 피하는 편이 더 지혜로운 선택일 수 있습니다.

왕희순세는 단순히 '강한 사람을 피하라'는 조언에 그치지 않습니다. 중년 이후에는 나에게 맞는 환경을 찾아 불필요한 힘을 덜 쓰고 살아가는 것이 중요하다는 뜻도 담고 있습니다.

여러분도 지금 나와 잘 맞지 않는 상황이나 사람은 없는지 돌아보면 어떨까요. 조금씩 거리를 두는 연습만으로도 마음이 한결 가벼워질지 모릅니다.

# 지나친 사랑은
# 자녀를 망친다

모자멸자(母慈滅子)

"부모의 자식 사랑이 지나치면 오히려 해가 된다." 누구나 고개를 끄덕일 만한 말입니다. 사주명리 역시 같은 이야기를 오행의 변화로 풀어냅니다. 앞서 여러 번 이야기했듯이 오행 이론에 따르면 사람은 목·화·토·금·수 가운데 하나의 본성을 타고납니다. 그리고 그 다섯 기운 중에서 나를 키우고 돕는 힘이 인성입니다. 인성은 나를 낳고 길러 주는 기운이므로 가족으로는 '어머니'를, 사회적으로는 나를 성장시키는 자양분을 의미합니다. 공부와 배움도 인성에 속합니다.

예전에는 인성을 단순히 '어머니의 사랑'으로만 해석하거나, 사주에 인성이 많으면 '어머니가 여럿 있다'라는 식으로 보기도 했습니다. 하지만 요즘에는 부모의 사랑이 지나쳐 아이를 망치는 경우를 인성이 과한 상태로 풀이합니다. 사랑이라기보다 부모의 관심, 기대, 통제, 지원이 과하게 주입되는 것이지요.

오행 설명을 통해 조금 더 구체적으로 살펴보겠습니다.

- 내가 나무(목)라면, 물(수)이 나를 키우는 인성이 됩니다.
- 내가 불(화)이라면, 나무(목)가 땔감이 되어 불을 키우니 나무가 인성입니다.
- 내가 흙(토)이라면, 불(화)이 흙을 데워 생명이 사는 곳으로 만드니 불이 인성이 됩니다.
- 내가 금속(금)이라면, 흙(토)이 뭉쳐 오랜 세월 바위가 되고 그 바위에서 광물이 나오니 흙이 인성입니다.
- 내가 물(수)이라면, 바위산 정상의 광물에서 물방울이 흘러내려 강과 바다를 이루니 금속(금)이 인성이 됩니다.

이렇게 보면 인성은 분명 소중한 힘이지만 과하면 문제가 됩니다. 부모의 과한 사랑과 간섭이 아이에게 짐이 되듯 오행에서도 인성이 지나치게 많을 때는 흐름이 막히고 균형이 무너집니다. 그렇다면 부모에 해당하는 인성이 과할 때 각 오행은 어떤 문제를 드러낼까요?

## 과하면 짐이 되는 인성

- 나무는 물을 먹고 자라지만 홍수가 나면 뿌리째 뽑혀 떠내려 갑니다.
- 불은 나무를 태우며 커지지만 땔감이 지나치면 오히려 산소가 막혀 꺼집니다.
- 흙은 불의 온기를 받아 생명을 키워내지만 불이 지나치게 뜨겁게 달구면 사막처럼 메말라 씨앗이 자라게 할 수 없습니다.
- 흙이 쌓여 금속이 되지만 흙이 지나치게 많으면 금속은 파묻혀 빛을 잃습니다.
- 바위산은 물의 수원이 되지만 금속이 지나치게 많으면 녹이 슬고 물이 탁해집니다.

무엇이든 지나치면 모자란 것만 못하다는 과유불급(過猶不及)은 오행의 원리에서도 예외가 아닙니다. 나를 만들고 돕는 인성도 적당해야 힘이 되지 과하면 오히려 해가 됩니다. 그래서 사주명리에서는 '어머니(母, 어머니 모)의 자애(慈, 사랑 자)가 도를 넘으면 자식을(子, 아들 자) 오히려 망친다(滅, 멸망할 멸)'고 하여 '모자멸자'라는 말을 남겼습니다.

## 부모의 사랑이 지나칠 때

부모의 사랑이 '과하다'는 기준은 어디쯤일까요? 사주에서는 부모와 자식의 팔자를 대조해 어느 정도 짐작할 수 있지만, 일상에서도 눈에 띄는 전형적인 징후들이 있습니다. 제가 상담을 하며 자주 만난 경우들을 몇 가지 소개해 보겠습니다.

첫째, 부모가 열정만 넘치고 자녀에 대한 객관적인 평가를 받아들이지 못하는 경우입니다. 평소에 보는 아이의 모습이 전부가 아닐 수 있다는 점을 인정하는 부모는 학교나 학원 선생님이 전하는 학업·생활 평가에 귀 기울입니다. 반면 "내 아이는 내가 제일 잘 안다."라며 전문가의 평가조차 듣고 싶은 것만 듣는 분들도 있습니다.

사실 선생님들은 수많은 아이들을 가르치며 데이터베이스를 쌓은 사람들입니다. 자녀는 그 데이터베이스 중 하나일 뿐입니다. 일기예보가 100퍼센트 맞지는 않지만 대체로 신뢰할 만하듯, 경험 많은 선생님의 시각도 날씨 예보만큼은 참고할 가치가 있습니다. 부모가 받아들이지 못하면 선생님도 결국 도울 방법이 없어집니다.

대치동의 유명 수학 학원에 다니던 한 학생이 있었습니다. 입반 테스트는 간신히 통과했지만 2분에 한 문제씩 킬러 문항을 풀어야 하는 고급반 수업을 따라가기엔 버거웠습니다. 아이는 어느 순간부터 수업 시간에 꾸벅꾸벅 졸기 시작했고 두어 달 뒤 강사는 부모에게 "아이가 다른 학원의 초·중급반에서 다시 기초를 다지면 좋겠다."고 권했습니다.

하지만 부모는 "체력이 약해서 그런 것."이라며 아이를 쫓아내지 말아 달라고 부탁했고 급기야 보약까지 지어 먹였습니다. 문제는 체력이 아니라 진도를 못 따라가는 것이었는데 말입니다. 약간 속도를 늦추면 될 일을 잘못된 방향으로 더 몰아붙이다 보니 아이는 더 큰 벽에 부딪히게 되었습니다.

둘째는 부모의 기대가 은연중에 강요되는 경우입니다. 직접적으로 학업이나 취업 목표를 강요하지 않아도 생활 속에서 반복적으로 부모의 선호를 드러냅니다. 예를 들어 특정 분야에서 성공한 사람의 방송을 보며 "저런 삶이 좋지 않니?"라고 말하거나 선호하는 학과에 진학한 '엄친아'를 칭찬하며 간접적으로 신호를 주는 것입니다.

이렇게 되면 부모와 자녀의 사이는 점점 멀어집니다. 부모는 억울하다고 합니다. '내가 심하게 말한 적은 없다'고 생각하니까요. 하지만 자녀가 느끼는 압박감은 다릅니다.

명문대를 나와 대기업에 다니던 A 부장은 임원 진급이 막히고 명예퇴직의 그림자를 보면서 몇 년간 자존감이 낮은 상태였습니다. 본인의 스트레스도 컸지만 자녀 앞에서는 "샐러리맨은 별거 없다. 학원비는 얼마든지 줄 테니 ○○과 같은 데 가서 전문직을 해라."라는 말을 자주 했습니다. 참다 못한 자녀가 "그럴 거면 아빠가 수능을 직접 봐라. 나는 다른 과를 가고 싶다."고 받아쳤습니다. 이 아이는 다행히 자기 생각을 분명히 표현할 수 있었던 경우입니다. 그러나 아무 말 못 하고 부모의 기대에 맞춰 진로를 정하는 자녀도 많습니다. 결국 자신이 원하는 길이 아니기에 성적도 미래도 잘 풀리지 않는 경우가 많습니다. 부모는 학비를 대주고도 나중에 자녀에게 원망을 듣게 됩니다.

셋째는 자녀의 도움 요청 신호를 알아채지 못하는 경우입니다. 성장기나 청년기의 아이들은 부모와 긴 대화를 잘 하지 않습니다. 대신 표정이나 몸짓, 짧은 말 속에서 힘듦을 표현합니다. 하지만 부모가 '정성'에만 몰두한 나머지 정작 자녀의 마음은 읽지 못하는 경우가 많습니다. 부모 세대가 자신들의 부모와 충분히 소통하는 법을 배우지 못했기 때문입니다. 특히 공부나 취업 이전에 자녀가 삶 자체를 힘들어하고 있다는 신호를 놓치면 문제가 커질 수 있습니다.

앞서 살펴본 세 가지 경우는 모두 부모의 도움, 즉 사주에서 인성이 지나치게 많을 때 나타나는 모습들입니다. 명리는 균형을 중시합니다. 부족한 것도 문제지만 과한 것은 오히려 더 해

롭다고 봅니다.

  애정도 결국 에너지입니다. 에너지가 지나치면 받은 쪽이 균형을 잃게 됩니다. 경제적으로 이전 세대보다 풍요로운 요즘 부모들은 자녀를 '돕지 못하는 것'보다는 '잘못된 방식으로 돕는' 우를 범할 수 있습니다.

  부모 역시 한 사람의 인생을 살아갑니다. 오십을 지나 노년으로 향하는 제한된 시간을 가지고 있습니다. 그래서 더더욱 모자멸자라는 말을 떠올려야 합니다. 귀한 시간을 쏟는다면 자녀에게 진짜 힘이 되는 방향에 투자해야 하지 않을까요?

# 등골까지
# 내어 주기 전에 멈춰라

모쇠자왕(母衰子旺)

앞서 '모자멸자'가 자녀 쪽에 초점을 맞춘 말이었다면 부모에게 초점을 맞춘 표현도 있습니다. '모쇠자왕'이지요. 글자 그대로 풀면, '자녀(子, 아들/자식 자)의 힘이 넘치는 만큼(旺, 왕성할 왕) 부모(母, 어미 모)가 힘을 소진해 쇠약해진다(衰, 쇠퇴할 쇠)'는 뜻입니다.

많은 부모들이 "내 모든 것을 줘도 자녀만 잘되면 여한이 없다."라고 말합니다. 하지만 '모쇠자왕'은 그 마음의 역설을 보여줍니다. 부모가 가진 힘을 다 쏟아부어도 정작 자녀가 기대만큼 잘되지 못하는 경우가 많다는 것입니다.

비유하자면 이렇습니다. 쌀독이 비어 가는데도 자식에게 밥을 계속 퍼 줍니다. 밥을 받은 아이는 결국 체해서 소화도 못 시키고 쌀독은 바닥나 버립니다.

## 산소호흡기도 내가 먼저

비행기 안전 교육에서 늘 강조하는 지침이 있습니다. 산소호흡기가 내려오면 먼저 스스로 착용한 뒤 주변을 도우라는 것입니다. 자녀 교육도 다르지 않습니다.

사주 상담을 하다 보면 경제 상황을 낙관적으로 보고 무리하게 자녀를 해외 유학에 보내는 경우를 자주 만납니다. 가장의 소득이 줄었는데도 학업을 이어가게 하려고 부동산을 처분해 학비를 충당하는 경우도 있습니다. 부모의 마음은 이해되지만 노후의 안전망까지 무너뜨리며 자녀에게 투자하는 것은 결국 모쇠자왕입니다. 자녀가 이런 희생을 모를 리 없습니다. 미안해하든 고마움을 그다지 느끼지 않든 어떤 경우든 가족 모두에게 상처로 남습니다.

자녀의 뜻을 존중하는 것은 중요합니다. 그러나 부모는 다양한 경제적 시나리오를 고려해 지원해야 합니다. 한국의 입시가 힘들다며 형편을 살피지 않고 학원·과외를 늘리거나 무리하게 해외 진학을 추진하는 모습도 자주 봅니다. 아이들은 지금 학교에서 친구들과 잘 지내고 있는데도 말입니다.

입시를 준비할 때가 되면 아이들은 우리가 생각하는 것보다 훨씬 성숙하게 대처합니다. 부모가 상황을 솔직히 이야기하고 아이의 마음이 향하는 곳을 함께 고민하면, 부모의 노후도 안전해지고 자녀는 책임감을 배우며 더욱 성숙해집니다.

실제로 한 학생은 미국 아이비리그 대학에 입학하고 2학년 때 부친의 사업이 어려워져 국내 사립대로 편입했습니다. 놀라웠던 것은 그의 태도였습니다. 아쉬움을 토로하기보다는 '최고의 대학에서 2년 공부한 경험'을 자부심으로 삼고 한국에서의 새로운 출발을 당당히 준비했습니다. 그 포부를 듣고 저는 이 친구가 무엇이든 해낼 수 있으리라 확신했습니다. 팔자를 바꿀 힘이 있는 사람이었기 때문입니다.

팔자를 바꿀 수 있는가? 정답은 "그렇기도 하고, 아니기도 하다."입니다. 다가올 환경 자체는 통제할 수 없지만 환경을 어떻게 해석하고 대응하느냐는 온전히 나의 선택입니다. 어려움을 긍정적으로 바라보는 순간, 인생에서 가장 힘든 시기는 오히려 개운(開運)의 전환점이 될 수 있습니다.

## 자녀의 진짜 독립을 돕는 '현명한 지원'

모쇠자왕의 가장 큰 문제는 자녀가 부모의 지원을 당연하게 여기게 된다는 점입니다. 부모가 경제적 한계를 고려하지 않고 지원을 이어가다가 갑자기 끊게 되면 자녀 입장에서는 마치 외면당한 걸로 느끼기 쉽습니다.

자녀 앞에서 생색을 내기 어려워하는 부모들이 많습니다. 그러나 오히려 꾸준히 상황을 공유하고 어떤 여건에서 얼마만큼 돕고 있는지 알려주는 것이 필요합니다. 그래야 예기치 못한 일이 닥쳐도 자녀는 지금까지 받은 도움에 진심으로 감사할 수 있습니다.

2~3년마다 상담을 하시는 오십 대 후반 지인이 있습니다. 그는 늘 이렇게 말합니다. "최고의 자식 사랑은 용돈을 많이 주는 게 아니라 노후에 자식에게 용돈을 받지 않는 것이다."

그는 부부의 노후 자금과 의료비를 안전자산으로 미리 확보해 두었고 이 원칙을 자녀와도 약속했습니다. 덕분에 자녀들은 부모의 안정된 모습을 보며 각자의 길에 집중할 수 있었습니다.

특히 둘째가 대학에 진학할 때는 '인생 비용 시나리오'를 엑셀로 만들었습니다. 부부의 수명을 구십 세로 가정하고 마지막 몇 년에는 의료비를 크게 잡았습니다. 인플레이션과 연금 수령

액도 추정해 몇 년마다 업데이트했고 그 결과 자녀 지원 자금과 월 지출 상한이 구체적으로 정해졌습니다.

더 인상적인 것은 이 과정을 자녀와 함께 공유했다는 점입니다. 엑셀표를 본 대학생 자녀들은 "빨리 경제적으로 독립해야겠다."는 다짐을 했고 자신들의 인생 지출표를 직접 만들어 보겠다고 나섰습니다. 부모의 현명한 준비가 자녀에게 책임감과 독립심을 심어준 셈입니다.

가정에서 돈 이야기를 꺼내면 괜히 야박해 보인다고 생각하는 분들이 많습니다. 그러나 서로 다른 경제적 기대를 품다가 섭섭해하거나 다투는 것보다는 미리 상황을 공유하는 편이 훨씬 낫습니다. 그래야 예기치 못한 일이 닥쳐도 가족이 함께 머리를 맞대고 대안을 찾을 수 있습니다.

그동안 상담했던 많은 사례를 돌아보면 자녀에게 존경받는지와 재산 규모는 전혀 상관이 없었습니다. 큰돈을 지원한 부모가 아니라 자녀와 충분히 소통하면서 현실적인 범위 안에서 도운 부모가 존경을 받았습니다. 반대로 자녀의 뜻은 외면한 채 과도한 사교육비와 유학비를 쏟아부은 경우 부모와 자녀의 대화는 일찍이 끊기곤 했습니다. "최선을 다했는데 왜 감사히 여기지 않느냐."라는 말은 부모의 허탈한 마음을 드러낼 뿐입니다.

경제적 한계를 넘어서는 지원은 결국 부모와 자녀 모두를 불행하게 만듭니다. 이것이 바로 모쇠자왕이 전하는 뼈아픈 교훈입니다.

## 진짜 도움을 줬는지
## 확인하라

아우생아(兒又生兒)

사주명리는 자연의 변화를 관찰하는 데서 시작되었습니다. 봄의 따스한 기운이 얼어 있던 땅을 녹이면 씨앗이 싹을 틔우고, 촉촉한 비를 맞은 나무는 무럭무럭 자라 열매를 맺습니다. 곡식은 알차게 익어 고개를 숙이며 추수를 알리고, 떨어진 씨앗은 겨울 흙 속에서 다시 생명을 준비합니다. 이런 풍경은 늘 우리 곁에 있었고 인간은 오래전부터 그것이 우리의 삶과 닮아 있다는 사실을 알아차렸습니다. 엄마의 뱃속에서 자라 세상에 태어나 활동하고, 후손을 남기고 떠나는 과정이 자연의 흐름과 다르지 않음을 본 것이지요.

한 걸음 더 나아가 보면, 물이 있어야 나무가 자라고 나무는 불의 땔감이 되며 불은 흙을 덥혀 농사를 가능하게 합니다. 흙은 오랜 세월 쌓여 금속성을 지닌 바위산이 되고, 바위산은 수원지가 되어 물을 내보냅니다. 그리고 다시 그 물이 나무를 키웁니다. 서로가 서로를 돕는 이 순환의 과정은 인간 관계에도 그대로 적용됩니다.

사주명리는 인간을 나무·불·흙·금속·물과 같은 자연의 존재로 봅니다. 내가 나무라면 내가 도울 때 상대는 불이 됩니다. 내가 땔감이 되어 불을 키우는 것이지요. 내가 키운 불은 다시 흙을 덥히고 흙은 금속을 만들며 그 금속은 물을 낳습니다. 어떤 오행이 나라고 해도 원리는 같습니다. 중요한 점은 내가 도운 상대가 또 다른 대상을 돕는다는 것입니다.

이 원리를 자녀 관계에 적용한 명리 사자성어가 바로 아우생아입니다. 글자 그대로 풀이하면 '내 아이(兒, 아이 아)가 또 다른(又, 또 우) 아이(兒)를 낳았다(生, 날 생)'라는 뜻입니다.

### 아우생아의 의미

사주명리에서 가족과 사회 관계를 설명하는 틀이 바로 여러 차례 언급한 십신 이론입니다. 나를 중심으로 열 가지 대상을 상정해 형제, 부모, 자녀의 관계를 해석합니다(자세한 내용은 부록 참고).

십신 이론에서 자녀는 식신과 상관에 해당합니다. 예전에는 어머니의 시각에서만 자녀를 식신·상관으로 보았지만, 오늘날에는 아버지도 적극적으로 양육에 참여하기 때문에 부모 모두의 관점에서 자녀로 해석할 수 있습니다.

여기서 아우생아라는 사자성어가 나옵니다. 내가 도와 키운 자녀(식신·상관)가 다시 남을 돕거나 새로운 산출물을 만들어 내는지 그 결과를 확인하라는 뜻입니다. 부모의 지원이 정말 자녀에게도 필요했던 것이었는지 점검하는 기준인 셈입니다.

앞서 살펴본 모자멸자와 모쇠자왕이 부모의 지원이 자녀를 해치거나 부모를 쇠약하게 만드는 부작용을 보여 준다면 아우생아는 '그 지원이 제대로 힘이 되었는가'를 묻습니다.

자녀가 초·중학생일 때는 성적표나 담임 면담을 통해 부모의 지원이 힘이 되었는지를 비교적 쉽게 확인할 수 있습니다. 하지만 고등학생이 되면 생활기록부나 내신 등급을 꼼꼼히 읽어야 이해할 수 있고 성인이 되면 눈에 보이는 지표조차 사라집니다.

그런데 문제는 부모 나이 오십이 넘어도 자녀 지원이 끝나지 않는다는 점입니다. 취업은 늦어졌고 결혼을 삼사십 대에 하는 경우도 흔합니다. 어떤 자녀는 비혼을 선택하기도 합니다. 그러다 보니 부모와 자녀의 교류는 예전보다 훨씬 길고 깊어질 수밖에 없습니다.

부모의 지원은 단순히 학비나 생활비에 그치지 않습니다. 부모와 나누는 대화, 생활 속에서 받는 영향 모두가 자녀에게 밑거름이 됩니다. 그리고 그것은 시간이 지나 사회적 결과로 나타납니다. 독립적인 가정을 이루기 전까지는 부모의 말과 행동이 여전히 자녀의 삶에 큰 영향을 주는 것이 현실입니다.

그런데도 많은 부모가 자녀가 자신으로부터 얼마나 영향을 받고 있는지 정기적으로 확인하지 않습니다. 심지어 자녀가 미성년일 때조차 학교생활을 배우자에게 맡기고 '나는 돈을 벌어 오니 내 할 일은 다 한 거다'라고 생각하는 경우도 많습니다. 그러나 시대가 변했어도 자녀가 독립하기 전까지 부모의 존재는 여전히 크고 무겁습니다.

## 상황에 맞지 않는 지원은 균형을 깨뜨린다

대기업 전문경영인 C 씨는 성인 자녀와의 관계를 점검하는 좋은 본보기를 보여 줍니다. 그는 아내, 초등학교 교사인 26세 딸, 제대 후 복학한 23세 아들과 함께 살고 있습니다. 이 가족은 매달 마지막 주 일요일 오전, 집 근처 카페에서 책 한 권을 읽고 독서 토론을 합니다.

회사의 독서 동아리에서 아이디어를 얻었다는 이 모임은 책 이야기만 하는 게 아닙니다. 성인이 된 자녀와는 저녁을 함께하기도 어렵고, 요즘 무슨 생각을 하는지, 이성 친구는 있는지 묻기 힘든데 책을 매개로 대화하다 보면 자연스럽게 그런 이야기까지 흘러나온다고 합니다.

책을 돌아가며 고르고 책을 선택한 사람이 토론 주제를 정합니다. 다른 가족들은 발제를 하니 모두가 주체적으로 참여합니다. 덕분에 부모의 생각이 자연스럽게 전해지고 자녀가 그것을 어떻게 받아들이는지도 확인할 수 있습니다. C 씨는 "1년만 꾸준히 해도 다 큰 자녀의 성장을 확인할 수 있다. 이만큼 좋은 방법이 없다."고 말합니다.

많은 부모들이 성인 자녀에게 등록금이나 독립 자금 정도만 지원하고 대화는 많이 하지 않습니다. 마음으로는 소통하고 싶지만 방법을 모르기 때문입니다. 그러나 아우생아의 원리에 따르면 같은 지붕 아래 사는 한, 스무 살이 넘은 자녀도 여전히 부모의 자양분을 받고 있습니다. 이런 상황에서 확인 없이 지원만 하는 것은 건강 상태도 모른 채 같은 영양제만 계속 먹이는 것과 다르지 않습니다.

꼭 독서 토론이 아니어도 좋습니다. 함께 운동을 하거나 공연을 보고 난 뒤에 성인이 된 자녀와 맥주 한 잔을 나누는 것도 좋은 방법입니다. 그 순간의 대화는 즐거울 뿐만 아니라 부모와 자녀에게 소중한 추억이 될 것입니다.

# 지나친 '정'은
# 판단을 흐리게 한다

과어유정(過於有情)

 부모의 자식 사랑이 지나치면 오히려 좋지 않다는 이야기를 여러 번 했습니다. 주로 관심과 지원이 너무 많은 경우를 말했는데요. 이번에는 같은 주제이지만 조금 다른 시각에서 과도한 애정을 경계하는 사자성어를 소개하려 합니다. 바로 과어유정입니다. 직역하면 '애정(情, 뜻 정)이 있음(有, 있을 유)에(於, 어조사 어) 지나침이 있다(過, 지나칠 과)'는 뜻입니다.

 일반적인 고사성어로도 쓰이지만 명리학에서는 '유정(有情)'이라는 말에 특별한 의미가 있습니다. 흔히 "저 사람과 인연이 있느냐."라고 물을 때 궁합(宮合)을 따지는데요. 남녀 사이만이 아니라 같은 성별 간에도 업무상 궁합이 맞는지를 이야기할 때가 있습니다.

여기서 '합(合)'이란 서로 밀쳐내지 않고 끌어당기는 관계를 뜻합니다. 명리에서는 이 상태를 유정하다고 표현합니다. 정이 있어야 합을 하고 정이 없으면 배척합니다.

태어난 생년월일시를 바탕으로 나무, 불, 흙, 금속, 물의 오행을 십간십이지(十干十二支)로 변환해 해석할 때, 특정 글자들은 서로 끌어당기는 '합'을 맺습니다. 궁합이 좋으냐를 따질 때 여러 기준이 있지만 가장 먼저 보는 것이 바로 '나를 뜻하는 십간십이지와 상대의 십간십이지가 합을 이루는가'입니다.

## 정이 지나치면 합도 독이 된다

앞서 말씀드린 것처럼 정이 있어야 합이 이루어집니다. 그런데 정이 지나치게 많으면 어떻게 될까요? 너무 강하게 합을 맺게 됩니다.

부모와 자녀, 연인, 회사 동료를 떠올려 보세요. 두 사람이 지나치게 강하게 맞물려 있으면 늘 의견이 일치하고 잘 통한다고 생각할 수 있습니다. 하지만 그 순간 다른 사람의 목소리는 들어올 틈이 없습니다. 부모 관계에서는 '내 자식 말이 무조건 옳다'는 태도가 문제를 일으키고 연인 관계에서는 주변의 조언을 흘려듣게 됩니다. 직장 동료라면 조직이 자신들을 어떻게 보는지 냉정한 평가를 놓치게 됩니다.

사회학의 네트워크 이론에서도 같은 이야기를 합니다. 특정한 사람과만 지나치게 강한 유대를 맺으면 인맥 확장이 막히고 새로운 정보를 얻는 효율성이 떨어진다고 합니다.

자녀의 경우를 조금 더 보겠습니다. 중년의 부모는 이 시기에 자녀가 사회에 나가거나 결혼하는 과정을 맞이하게 됩니다. 그런데 얼마 전 국내 유명 대기업 인사팀에 근무하는 지인에게서 한 이야기를 들었습니다. 어느 신입사원의 부모가 자녀의 고과가 낮다며 직접 인사팀에 항의 전화를 했다는 겁니다. 회사는 상대평가 체계를 설명하며 다른 직원들과의 비교 결과임을 친절히 설명했지만, 그 부모의 눈에는 오직 자기 자녀밖에 보이지 않았습니다. 자녀와 지나치게 강한 합을 맺고 있지 않았을까 하는 생각이 들었습니다.

## 적당한 거리가 관계를 살린다

입시 과정에서는 부모와 자녀의 '케미'가 잘 맞으면 큰 성과를 낼 수 있습니다. 하지만 사회에 나가서는 부모와의 합이 아닌 새로운 사람들과의 정과 합이 필요합니다. 직접 그 부모와 자녀의 사주를 보지는 않았지만 분명 과도한 합이 들어와 있었을 겁니다.

상담을 하다 보면 '과어유정'이 떠오르는 사례를 자주 만납니다. 최근에는 딸을 결혼시킨 오십 대 후반 어머니의 고민을 들었습니다. 딸과 사위가 자주 부부싸움을 하는데, 결혼 전과 달리 사위의 성격이 많이 거칠어져 걱정이 크다고 했습니다. 여기까지는 부모라면 누구나 할 수 있는 걱정입니다.

그런데 상담을 하면서 한 가지가 마음에 걸렸습니다. 어머니와 딸의 사주에 합이 지나치게 강하게 들어와 있었던 겁니다. 그래서 여쭈었습니다. "사위 이야기는 안 들어보셨지요?" 역시나 딸의 이야기만 듣고 있었고 그것도 매일 통화한다고 했습니다. 저는 이렇게 말씀드렸습니다. "따님에게 이혼수는 없으니 크게 걱정하지 마시고 다만 통화는 조금 줄이시는 게 좋겠습니다."

실제로 부모와 자녀가 팀워크가 잘 맞아 대학입시에 성공한 집일수록 자녀의 사회 초년기나 결혼 초기까지 부모가 지나치게 영향을 미치는 경우가 많습니다. 어떤 대입 맘카페에서는 대학생 자녀를 둔 부모들이 취업 준비나 로스쿨 입시 정보를 나누기도 합니다.

좋다고만 믿었던 것이 나중에 부담이 되기도 하고 반대로 힘들다고 생각했던 일이 시간이 지나 복이 되기도 합니다. 그러나 한 가지 분명한 것은, 오십 대 부모와 이십대 자녀가 너무 가까우면 과어유정의 함정에 빠지기 쉽다는 점입니다. 부모와 자녀 사이의 적당한 거리가 오히려 관계를 더 건강하게 만든다는 사실을 이 시기에 다시 생각해 볼 필요가 있습니다.

# 앞에서 끌고
# 뒤에서 밀고

전인후종(前引後從)

과거에는 선배가 앞에서 끌고 후배가 뒤에서 밀어야 조직이라는 수레가 잘 굴러간다고 믿는 기업 문화가 있었습니다. 그러다 2000년대 들어 서번트 리더십(Servant Leadership) 개념이 널리 퍼졌습니다. 윗사람이 아랫사람을 섬기듯 받쳐주면, 구성원들이 자율성을 기반으로 스스로 열심히 일한다는 발상입니다. 말하자면 선배가 뒤에서 밀고 후배가 앞에서 끄는 모습입니다.

최근에는 직급 체계가 단순화되며 후배가 팀장이 되고 선배가 팀원이 되는 경우가 흔해졌습니다. 이쯤 되면 "누가 앞에서 끌고 누가 뒤에서 미느냐가 정말 중요한가?"라는 의문이 듭니다. 그러나 변하지 않는 사실이 하나 있습니다. 수레가 제대로 움직이려면 앞에서 끄는 사람도 뒤에서 미는 사람도 둘 다 있어야 한다는 점입니다.

사주명리에도 이런 모습을 묘사한 사자성어가 있습니다. 바로 전인후종입니다. 글자 그대로 '앞에서(前, 앞 전) 끌고(引, 끌 인) 뒤에서(後, 뒤 후) 따른다(從, 따를 종)'는 뜻입니다. 원래는 사주 구조 속에서 연도 글자와 다른 위치의 글자가 어떤 관계를 맺는지 분석할 때 쓰이는 개념이지만 그 본질은 같습니다. 자연의 이치처럼 인간 사회도 누군가 끌어 주고 또 다른 누군가는 밀어 주어야 균형을 이룹니다. 다만 요즘은 누가 앞이고 누가 뒤인지를 고정하기 어렵다는 점이 달라졌을 뿐입니다.

외국계 회사에서 부서장을 맡고 있는 L 부장은 전천후로 '전인후종'의 위치를 바꿀 줄 아는 사람입니다. 프로젝트에서는 팀원에게 리더 역할을 맡기고 자신은 조언자이자 후방 지원에 집중합니다. 반대로 사내 공연 관람 동아리에서는 회장을 맡아 영화·뮤지컬 예매부터 식당 예약, 지원금 관리까지 직접 챙깁니다. 젊은 직원들의 취향을 맞추기 위해 요즘 공연 트렌드까지 살핍니다.

옆 부서의 K 부장은 조금 다릅니다. 그는 지난 세대의 리더십에 더 가깝습니다. 명확한 업무 지시가 장점이지만 중요한 보고는 반드시 본인이 합니다. '리더의 책임'이라는 생각 때문입니다. 그러다 보니 경영진은 K 부장의 팀원을 거의 알지 못합니다. 반대로 L 부장의 팀원들은 수시로 경영진 앞에 나서며 존재감을 드러냅니다.

동아리 활동에서도 차이가 납니다. L 부장이 손수 동아리를 운영한다면, K 부장은 자리를 펴 두고 참석만 하는 식입니다. 동아리 운영은 젊은 직원들의 몫으로 남겨 둡니다. 물론 K 부장에게도 미덕은 있습니다. 회식 예산이 부족하면 사비로 2차 비용을 내고 일이 잘 안되었을 때도 팀원 탓을 하지 않습니다. 기본에 충실한 리더인 셈입니다.

그러나 21세기의 전인후종에 더 가까운 이는 누구일까요? 인사팀은 부서 성과뿐 아니라 리더의 평판까지 세세히 파악합니다. 예전처럼 나이순으로 승진하는 시대도 아닙니다. 성과가 비슷하다면 유연한 조직문화와 소통하는 리더십을 보여 주는 L 부장이 승진에 더 유리하겠지요.

## 유연한 리더십은 저절로 생기지 않는다

승진만이 전부는 아닙니다. 다른 회사로 이직하거나 은퇴 후 제2의 직업을 가지게 될 때를 떠올려 보세요. 어떤 습관이 몸에

배어 있는 사람이 새로운 환경에 잘 적응할까요?

인생의 가을은 생각보다 깁니다. 첫 번째 직장이 곧 마지막 직업이 되는 경우는 점점 줄어들고 있습니다. 한 대기업 협력사에서 평생을 근무하다 정년퇴직한 분이 들려준 말입니다. "사원이든 임원이든 늘 젊은 고객에게도 머리 숙이며 공손히 대했습니다. 은퇴 후 작은 회사에 계약직으로 들어갔을 때도 그 습관 덕에 쉽게 적응할 수 있었습니다."

지금 조직에 속해 있다면 L 부장처럼 공은 남에게 돌리고 힘든 일은 스스로 맡아 하는 전인후종의 연습을 해 보시길 권합니다. 사업체를 운영하는 분이라면 더욱 그렇습니다. 직원이 만족하고 주도적으로 일해야 회사도 자랍니다.

만약 잠시 일을 쉬며 다음 단계를 준비하는 중이라면 가족에게부터 시작해 보세요. 작은 연습이 쌓여야 하니까요. 실전의 기회는 언제든 예고 없이 찾아올 수 있습니다.

# 서로가 서로에게
# 좋은 사람이 된다는 것

진기왕래(眞氣往來)

　사주 상담을 하다 보면 "내 인생의 귀인은 언제 오나요?"라는 질문을 자주 듣습니다. 생년월일시를 바탕으로 '천을귀인(天乙貴人)', '월덕귀인(月德貴人)' 같은 글자가 들어 있는지 확인하는 이론은 분명 있습니다. 그러나 실제로 사람들이 묻는 '귀인'은 좀 더 큰 의미입니다. "과연 내 인생에 큰 도움을 줄 사람이 있을까요?"라는 물음이지요.

　물론 운이 좋은 시기를 짚어 귀인이 들어오는 때를 말할 수는 있습니다. 인연이라는 것은 결국 사람을 통해 오니까요. 하지만 많은 분들이 놓치는 것이 있습니다. 바로 이 질문입니다.

　"나는 누군가에게 귀인이었던 적이 있는가?"

## 지금의 도움이 내일의 덕으로

명리 사자성어 가운데 진기왕래라는 말이 있습니다. 직역하면 '귀한(眞, 참 진) 기운이(氣, 기운 기) 서로 오간다(往, 갈 왕 / 來, 올 래)'는 뜻입니다. 원래는 사주의 일(日)과 시(時)에 해당하는 글자들의 특별한 조합을 분석하는 전문 이론입니다. 쉽게 말해 서로 꼭 필요한 기운을 주고받는 구조를 타고난 경우를 가리킵니다. 이런 사주를 가진 사람은 흔치 않습니다.

그래서 우리는 보통 내게 부족한 기운을 채워 줄 인연을 기다리거나 새로운 환경에서 찾게 됩니다. 하지만 정작 중요한 질문은 남습니다. "나는 다른 사람에게 필요한 인연이 되고 있는가?"라는 것입니다. 아마도 대부분은 내 앞가림이 급해 그런 질문을 미처 떠올리지 못했을 겁니다.

요약하면, 진기왕래의 핵심은 상호 보완적인 도움 속에서 운이 순환한다는 점입니다. 그러나 자기 사주 안에서 완결적으로 이런 구조를 타고나기는 어렵습니다. 그래서 밖의 관계를 통해 만들어야 합니다.

그 실질적 모습은 크게 두 가지입니다. 첫째는 직접적인 도움의 관계, 곧 '윈-윈'입니다. 오십이 넘으면 조직이나 사회 활동에서 나보다 어린 사람이 많아집니다. 그래서 '내가 도움을 주면 줬지, 후배가 내게 무슨 도움을 줄 수 있겠나'라는 생각을 하기 쉽습니다. 하지만 세상일은 모르는 법입니다.

컨설팅 회사의 임원이던 H 상무가 그런 경우였습니다. 그는 바쁜 와중에도 후배들의 상담 요청을 외면한 적이 없었습니다. 늦은 밤에도 조언을 해 주었고 그렇게 10년을 살다 보니 그에게 도움받지 않은 후배가 드물었습니다. 그러던 어느 날, H 상무가 회사를 떠난다는 소식이 퍼졌습니다. 며칠 후 한 젊은 사원이 찾아와 말했습니다.

"상무님, 회사를 떠나신다면서요. 혹시 다음 자리는 정하셨나요?"
"아직 몇 군데 면접만 보고 있네."
"마침 제 동창이 중견기업 오너 아들인데 상무님이 주로 다루던 산업이에요. 큰 부서를 맡아 줄 리더를 찾고 있다는데 한번 만나 보시겠습니까?"

그 인연으로 H 상무는 곧 수천억 매출을 내는 회사의 부사장으로 취임했습니다. 후배는 자신이 받은 도움을 돌려줄 기회를 얻었고 동창 기업에도 든든한 리더가 생겼습니다.

이런 관계의 특징은 미리 계산할 수 없다는 것입니다. 누구의 배경을 따져 보고 매번 골라서 도와줄 수도 없습니다. 그렇게 억지로 만든 인연은 오래가지 않습니다. 오히려 자연스럽게 맺은 관계 속에서 뜻밖의 '윈-윈'이 생기는 것이 바로 진기왕래의 힘입니다.

둘째는 간접적인 도움의 씨앗을 뿌리는 경우입니다. 늘 '내가 누군가의 귀인이 되어주자'는 마음으로 살다 보면 주변에 나를 좋아하는 사람이 늘어납니다. 달리 말하면 평판이 좋아지는 것이지요.

역으로 도움의 씨앗을 뿌리지 않은 게 나의 발목을 잡기도 합니다. 국내 대기업의 K 차장 사례가 그렇습니다. 그는 일을 잘하기로 유명했지만 사람들에게 다소 차갑게 대하는 스타일이었습니다. 자연히 곁에 사람이 없었고 승진도 더뎠습니다. 결국 마지막 기회를 잡고자 이직을 준비했습니다. 면접은 모두 잘 봤지만 연봉 협상을 앞두고 "모실 수 없다."는 연락을 받았습니다. 평판 조회에서 "일은 잘하지만 사람 관리가 약하다."는 말이 있었던 겁니다. 그는 그제야 깨달았습니다. '일만 잘하면 된다'고 생각했던 것이 결국 자신을 막은 벽이 되었다는 것을요.

## 지금부터라도 귀인이 되는 연습을

평소에 남에게 귀인이 되어 준 사람들은 두세 다리를 건너 전혀 모르는 사람에게서 새로운 기회를 소개받거나 뜻밖의 도움을 받기도 합니다. 얼굴도 모르는 이가 귀인이 된 것이지만 사실은 내가 뿌려 둔 도움이 인연의 다리를 건너 돌아온 것입니다.

세상에 일방적인 관계는 없습니다. 좋은 기운도 서로 오가야 합니다. 직접적이든 간접적이든 말입니다. 쉽게 표현하면 '덕을 쌓는 일'입니다. 덕은 하루아침에 쌓이지 않지만 인생의 가을이 길어진 요즘에는 늦었다고 생각할 필요가 없습니다. 지금 오십이라면 백 세까지 살 확률이 높은 시대입니다. 지금부터라도 귀인이 되는 연습을 시작하면 어떨까요?

정말 운이 좋다면 내가 뿌린 씨앗은 금세 돌아올지도 모릅니다. 마치 보험을 가입하자마자 바로 혜택을 받는 것처럼요. 세상일은 어떻게 될지 모릅니다. 사람을 가려 가며 돕지 않는다면 세상에 귀인들은 하늘의 별만큼이나 많습니다.

© Jessica Wong

4장.
# 후반생을 위한 준비

품격 있는 어른의 삶을 완성하다

# 말년을 단단하게
# 만드는 세 가지

삼반귀물(三般貴物)

"좋은 팔자란 무엇인가요?"라는 질문을 자주 받습니다. 흔히 '건강하고 돈 걱정 없고 마음 편히 사는 것'이라고들 말하지만 솔직히 그런 사람을 본 적은 거의 없습니다. 돈이 많으면 건강이나 가족 관계가 문제인 경우가 많고, 몸은 건강한데 경제적으로 힘들어 마음이 불편한 분들도 많습니다. 국·영·수 만점을 동시에 받는 것보다 건강·재물·평안이 함께하는 삶이 훨씬 더 어렵습니다.

사주 공부를 처음 시작할 때, 저도 '좋은 팔자'의 기준을 찾아본 적이 있습니다. 그때 만난 개념이 바로 '삼반귀물'이라는 사자성어였습니다. 직역하면 '세 가지(三, 석 삼) 기반이 되는(般, 반석

반) 귀한(貴, 귀할 귀) 물건(物, 사물 물)'이라는 뜻으로 명리학에서는 십신 가운데 정인, 정관, 정재를 가리킵니다.

- **정인**: 바른 판단력, 안정된 계약, 부동산 문서
- **정관**: 명예, 안정된 직장, 균형 잡힌 중심, 좋은 평판
- **정재**: 안정된 소득, 꾸준한 월급

즉, 집문서나 부동산이 있고 남들에게 존경과 좋은 평판을 받으며 안정적인 수입이 보장되는 삶이 바로 삼반귀물의 이상형입니다. 듣기만 해도 완벽해 보이는데요, 그렇다고 여기서 실망할 필요는 없습니다. 이유는 세 가지입니다. 첫째, 정인·정관·정재를 모두 타고나는 것은 생각보다 드뭅니다. 둘째, 세 가지가 다 있어도 다른 글자에 의해 방해받으면 그 효과가 반감됩니다. 셋째, '바를 정(正)'이 세 개나 있다는 것은 안정적인 대신 역동성이 적다는 뜻이기도 합니다. 말하자면 인생의 한 방, 극적인 반전 같은 재미는 없을 확률이 크다는 겁니다.

## 삼반귀물, 오십 이후의 준비물

그렇다면 왜 '삼반귀물'을 이야기하느냐. 은퇴를 앞둔 오십 대는 타고날 때 세 가지 귀물이 없었더라도 이제부터 준비해야 하기 때문입니다. 앞서 '바를 정'이 많으면 인생이 안정적인 대신 재미가 덜할 수 있다고 했지만, 인생의 가을을 맞이한 지금은 오히려 안정이 더 필요합니다. 사주명리가 자연의 사계절을 기본으로 삼듯, 오십 이후의 삶은 봄과 여름의 역동보다는 가을의 평온을 지향하는 게 어울립니다.

삼반귀물이 상징하는 세 가지, 즉 주거의 안정(정인), 사회적 인정(정관), 꾸준한 소득(정재)은 은퇴 전문가들이 말하는 필수 요소와 크게 다르지 않습니다. 여기에 건강은 두말할 나위가 없습니다. 세 가지를 모두 가진 사람은 드물고 갖고 있더라도 흠결이 있기 마련입니다. 그러니 괜히 나만 불리하다고 생각할 필요는 없습니다. 수많은 팔자를 보아 온 제 경험으로도 그렇습니다.

중요한 것은 지금부터 어떻게 보완해 나갈 것인가입니다. 세 가지가 다 부족하다면 우선순위를 정하고 하나씩 채워 나가는 지혜가 필요합니다. 은퇴 준비의 답은 타고난 팔자보다도 지금부터의 선택과 행동에 달려 있습니다.

## 셋이 안 되면 하나라도

프리랜서 생활을 하던 오십 대 후반의 K 씨는 어느 순간 더 이상 일감이 들어오지 않게 되었습니다. 다행히도 20년 전에 분양받은 서울 아파트가 값이 올라 있었기에 삼반귀물 중 하나인 '정인(부동산 문서운)'은 가진 셈이었습니다. 그러나 정기적인 소득도, 자신을 돌봐 줄 가족도 없었습니다. 게다가 근골격계에 문제가 있어 몸을 쓰는 일은 더 이상 할 수 없었습니다.

K 씨는 세 가지 귀물을 모두 충족하기 어렵다고 판단하고 전략적으로 선택했습니다. 서울 아파트를 팔아 지방의 절반 가격대 아파트로 이사한 뒤 차액으로 생활비를 마련하기로 했지요. 독신이기에 곧 주택연금도 신청할 계획이었습니다. 즉 '정인'을 팔아 '정재'를 마련한 셈입니다. 반면 오래 살던 동네의 이웃들과의 인맥에서 얻던 인정과 즐거움, 즉 '정관'은 포기하기로 했습니다. 새로운 곳에서도 인연을 쌓을 수 있겠지만 적극적인 성격이 아닌 K 씨는 이 부분을 후순위로 두었습니다.

삼반귀물의 이야기는 청년들에게는 잘 하지 않습니다. 안정감에 초점이 맞춰진 개념이기에 도전과 역동성이 필요한 청춘의 계절과는 어울리지 않기 때문입니다. 그러나 오십은 인생의 가을입니다. 새로운 재미와 도전을 추구하는 것도 좋지만, 정인·정관·정재라는 세 가지 안정성을 먼저 갖춰야 도전도 의미 있는 도전이 될 수 있습니다. 오늘부터라도 나의 삼반귀물이 얼마나 준비되어 있는지 점검해 보면 어떨까요?

# 왕관의 무게를
# 다시금 생각해 볼 나이

가살위권(假殺爲權)

　누구나 칭찬을 들으면 기분이 좋고 싫은 소리를 들으면 마음이 불편해집니다. 문제는 내가 그럴 위치와 상황이 아닌데도 인정과 존경에 대한 욕구가 지나치게 커질 때 생깁니다.
　중년에 접어들어도 여전히 직위와 명함으로 존경받는 사람이 있는가 하면 그렇지 않은 사람도 있습니다. 명리학에서는 다른 사람에게 존경받는 기운을 '관운'이라 설명합니다. 그런데 이 관운에는 중요한 조건이 있습니다. 바로 관의 무게를 견딜 수 있어야 한다는 것입니다.
　옛 관청의 관리들이 머리에 쓰던 관모(冠帽)를 한번 떠올려 보세요. 무게를 감당할 힘이 없으면 모자가 땅에 떨어져 명예에

흙이 묻게 됩니다. 차라리 쓰지 않는 것만 못한 결과가 되지요.

여기서 나온 말이 '가살위권'입니다. 관운이 너무 강해 나를 짓누르면 그것을 '살'이라 부르지만 내가 그 무게를 이겨낼 힘이 있으면 '살(殺)이 오히려 변하여(假, 거짓, 임시, 빌리다 가) 권세(權, 권세 권)가 된다(爲, 하다/되다 위)'는 뜻입니다. 앞서 말한 관모의 무게를 견딜 힘이 있을 때 명예가 땅에 떨어지지 않고 오히려 영화로운 권위로 바뀌는 것입니다.

## 관운의 두 얼굴

중년이 되어서도 여전히 많은 분들이 사회에서의 인정과 칭찬에 가치의 큰 비중을 둡니다. 물론 그것이 나쁜 것은 아닙니다. 다만 지금의 내 위치에 맞는 인정과 칭찬을 기대하고 있는지 한 번쯤 생각해 볼 필요가 있습니다.

J 부장은 대기업 생산현장에서 30년간 근무하며 수많은 아이디어를 내고 여러 차례 사내 포상을 받았습니다. 자연히 임원 진급을 기대했지만 연구부서 출신 후배가 먼저 임원이 되었습니다. 오십 중반이 된 지금, 회사 안팎에서는 "이제는 임원은 어렵다. 편히 정년까지 다니라."는 이야기를 합니다. 그러나 J 부장은

여전히 '내가 아니면 누가 임원이 되겠는가'라는 생각을 버리지 못합니다. 그래서인지 업무 속도를 따라오지 못하는 후배들을 다그치게 되었고, 그 때문에 뒷말을 자주 듣게 되었습니다.

반면 옆 부서의 K 부장은 오십 대 후반에 비슷한 경력을 지녔지만 태도가 달랐습니다. 그 역시 왕년에 회사 포상을 여러 번 받은 엔지니어였지만 경영이나 인력 관리에는 흥미가 없다는 걸 일찍이 인정했습니다. 임원이 되지 못했다고 크게 실망하지도 않았습니다. 오히려 퇴직하는 날까지 새로운 기술을 접할 수 있음에 감사했고, 임금피크제에 들어서도 후배이자 상사인 팀장들에게 "회사에 도움 될 과제가 있을까요?"라며 겸손한 태도를 보였습니다. 자연히 후배들은 그를 편히 대하게 되었고 엔지니어들의 롤모델로 삼았습니다.

명리학적으로 보면 J 부장은 사주에 관운은 드러나 있지만 정작 본인의 힘이 약해 그 무게를 감당하지 못한 경우입니다. 반면 K 부장은 관운이 뚜렷하지는 않았지만 무난한 운의 흐름 속에서 오히려 주변의 인정과 칭찬을 꾸준히 얻은 경우입니다. 관운의 유무보다 그 무게를 견딜 힘이 있느냐가 더 중요한 이유입니다.

## 은퇴 이후, 무엇이 남는가

오십이 되면 임원 자리에서 물러나거나 퇴직이 눈앞에 다가옵니다. 그동안 사회생활의 권위가 주는 존경에 익숙했던 분이라면 은퇴 뒤 찾아오는 허탈감이 적지 않습니다. 반대로 자연스러운 관계 속에서 남을 돕고 그 속에서 인정과 칭찬을 받아 온 분이라면 은퇴 후 새로운 공동체에서도 그 관계가 이어집니다.

오십이 넘으면 조직이 주는 관운은 사실상 큰 의미가 없습니다. 이미 사라졌거나 곧 사라질 것이기 때문입니다. 어떤 이가 말했습니다. "학벌 자랑은 스무 살에, 회사 자랑은 서른에, 경력 자랑은 마흔에 하라. 오십이 넘어서는 자랑할 것이 있어도 감추고 조용히 인간적 매력을 가꾸어라."

결국 오래가는 힘은 권위가 아니라 사람 냄새입니다. 오십 이후의 진짜 권세는 관모가 아니라 곁에 남는 관계가 만들어 줍니다.

# 마음속에
# 브레이크 하나는 챙겨라

상관상진(傷官傷盡)

    오십은 인생 2막을 준비해야 하는 시기입니다. 조기퇴직, 은퇴, 자녀 독립 같은 굵직한 변화가 성큼성큼 다가오기 때문입니다. 익숙한 생활 방식에 머물고 싶어도 변화는 피할 수 없습니다. 결국 고민만 하는 데서 멈추지 말고 계획을 세웠다면 실행으로 옮기는 용기를 내야 합니다. 행동만이 뭔가를 만들어낼 수 있기 때문이죠. 물론 준비 없는 행동은 실패로 향하는 지름길이지만. 오십에 새로움을 추구하는 분들은 무모함보다는 주저함 때문에 성공적인 변화를 못하는 경우가 더 많습니다. 지금부터는 그러한 주저함을 넘어 생각을 실제 행동으로 바꾸는 힘에 대해 이야기해보려 합니다.

## 식신과 상관, 실행으로 이끄는 두 가지 힘

십신 가운데 '실행력'을 상징하는 글자가 바로 식신과 상관입니다. 두 개를 합쳐 식상이라 부릅니다.

'식(食)'은 밥, '신(神)'은 정신과 기운을 뜻하니 식신은 곧 밥벌이, 즉 한 가지 일을 묵묵히 이어가는 힘입니다. 먹고살기 위한 꾸준한 에너지가 결국 생업의 성실함으로 드러나는 것입니다.

반면 상관은 조금 더 강렬합니다. '상(傷)'은 상하게 하다, '관'은 관청·조직을 뜻합니다. 이름처럼 기존의 틀을 흔들고 도전하는 기운입니다. 조직 안에서는 열정적인 영업사원, 혹은 새로운 아이디어로 신제품을 내놓는 개발자의 모습이 상관의 힘에 가깝습니다. 강한 에너지를 쓰다 보니 기존의 질서와 충돌할 때도 많습니다. 그래서 흔히 사업가의 기운이라고 부르기도 합니다.

식신이 성실한 '장인정신'을 닮았다면 상관은 새로운 길을 내는 '개척자의 힘'이라 할 수 있습니다. 두 힘을 어떤 방식으로 쓰느냐가 인생 2막의 실행력을 결정합니다.

식신과 상관 이야기를 꺼낸 이유는, 한 길만 묵묵히 걸어 온 사람도 결국 새로운 길을 모색해야 하는 때가 우리들이 맞이한 오십이기 때문입니다. 사주명리의 관점으로 보면 30여 년을 식신의 마음으로 살아왔더라도 이제는 상관의 힘을 배워야 할 시점에 다다른 셈입니다.

물론 사업을 하거나 영업, 마케팅 분야에서 일한 분들은 이미 상관의 기운을 경험해 왔습니다. 하지만 그동안의 사용법이 올바른지 다시 점검할 필요가 있습니다. 반면 다른 일을 해 온 분들은 지금이야말로 상관을 다루는 법을 새롭게 배워야 할 때입니다.

이때 참고할 만한 명리 사자성어가 바로 상관상진입니다. 직역하면 '상관(傷, 상할 상)의 기운을 다하게 하다(盡, 다할 진)'는 뜻입니다. 즉 넘치는 상관의 에너지를 제어해야 한다는 말이지요. 그렇다면 무엇으로 제어해야 할까요? 답은 인성, 곧 생각과 정신세계를 다스리는 힘입니다. 정인과 편인이라는 이름으로도 불리는 이 인성은 한마디로 "생각하면서 움직여라."라는 메시지를 전합니다.

자동차로 비유하면 상관은 엑셀, 인성은 브레이크입니다. 엑셀만 밟으면 질주하다 사고가 나듯 실행에도 반드시 제동이 필요합니다. 새로운 계획이 지나치게 빠를 때, 혹은 방향을 바꿔야 할 때 브레이크를 밟는 것처럼 인성은 상관을 적절히 다스려줍니다. 오십 이후의 실행은 바로 이 균형, 즉 '상관의 힘을 쓰되 인성으로 조율하는 지혜'에서 출발합니다.

## 상대의 페이스를 무시할 필요도 있다

퇴직을 앞둔 중견기업 부장 Y 씨는 최근 지인으로부터 투자 제안을 받았습니다. 한창 주목받는 신기술 회사라며 목표 금액이 거의 채워졌으니 퇴직금을 미리 정산해서라도 마지막 투자자 명단에 합류하라는 권유였습니다.

이쯤 되면 누구나 '잘 아는 분야도 아닌데 무리할 필요가 있을까?' 하고 의심하는 마음이 들 텐데요. 하지만 이상하게 일이 꼬일 때는 '마지막 기회'라는 말에 솔깃해 철저히 검토도 못한 채 덜컥 결정을 내리고 싶어지는 법입니다. 혹 운이 따라 뜻밖의 대박을 만나는 경우도 있겠지만 그런 팔자는 흔치 않습니다. 실제로는 성급한 결정이 낭패로 이어지는 경우가 훨씬 많습니다.

사람이란 누구나 좋은 시기와 어려운 시기를 순환하듯 번갈아 맞이합니다. 그래서 새로운 시도를 할 때, 특히 빠른 결정을 요구받을 때일수록 내 안의 인성을 의도적으로 불러내는 것이 필요합니다. 젊을 때는 경험이 부족해 인성이 팔자에 있어도 쓰기 어렵지만 오십 이후는 다릅니다. 살아온 경험이 인성의 역할을 대신해 줄 수 있기 때문입니다.

Y 씨라면 어떻게 했어야 할까요? 우선 아무리 매력적인 투자

라 해도 상대가 제시한 일정표와 무관하게 충분히 시간을 두고 스스로 검토해야 합니다. 그사이 다른 사람이 투자해 버린다면 인연이 아니라고 생각하면 됩니다. 만약 신중히 검토한 끝에 확신이 선다면, 그다음은 '얼마를 투자할 것인가'를 고려해야 합니다. 상대가 퇴직금 전액을 넣으라 해도 그것은 상대의 생각일 뿐입니다. 투자에는 본질적으로 리스크가 따르기에 실패했을 때도 생활이 흔들리지 않을 수준에서만 투자해야 합니다. 매달 필요한 생활비와 노후 자금은 오직 본인만이 계산할 수 있기 때문입니다.

나의 행동에 브레이크를 걸 수 있는 인성은 실행력인 상관과 반드시 함께 가야 할 기운입니다. 물론 팔자에 없는 마음을 새로 만들어 내는 일은 쉽지 않습니다. 사회 경험이 많은 오십이라도 단순히 '생각해야지' 한다고 해서 바로 되는 것은 아니니까요.

그러나 십신 가운데서도 인성은 마음속에서 가장 키우기 쉬운 속성입니다. 인성은 '생각하는 기운'이면서 동시에 '공부하는 기운'이기 때문입니다. 예컨대 팔자에 정재, 편재에 해당하는 재물운이 없다면 아무리 재물을 떠올려도 갑자기 돈이 생기지 않습니다. 정관, 편관에 해당하는 관운이 없다면, 생각만 한다고 승진이 되지 않습니다. 재물이나 관운은 환경과 시간이 함께 뒷받침되어야만 개선될 수 있습니다.

  반면 정인, 편인 같은 인성은 달리 외부의 조건을 기다리지 않아도 스스로의 생각과 공부만으로도 키워 갈 수 있습니다. 다만 팔자에 인성이 있다고 해도 운이 나쁠 때는 지혜가 가려질 수 있습니다. 그러니 언제나 마음속에 브레이크 하나를 준비해 둔다는 생각으로 새로운 오십의 공부를 시작해 보길 권합니다.

# 적당히 고민한 후
# 일단 실행으로 옮겨라

파료상관(破了傷官)

앞서 인성이 상관의 폭주를 막는 브레이크라면 이번에는 반대의 이야기입니다. 자동차를 운전할 때 엑셀과 브레이크를 동시에 밟는다고 생각해 보십시오. 가상의 상황이지만 차는 앞으로 나아갈 수 없을 겁니다.

사주명리의 사자성어 '파료상관'은 바로 이 장면을 빗댑니다. 직역하면 '상관(傷官)을 파괴해(破, 깨뜨릴 파) 버린다(了, 마칠 료)'는 뜻으로, 상관의 활발한 추진력을 인성이 지나치게 억누르는 상황을 말합니다. 생각이 너무 많아 행동으로 이어지지 않거나 끝없는 고민 끝에 엉뚱한 결정을 내리는 경우가 여기에 해당합니다.

실제 사례를 보겠습니다. B 부장은 오십 대 중반의 대기업 관리직 간부입니다. 회사가 정년을 존중하는 분위기라 은퇴까지 남은 시간 동안 제2의 경력을 준비하고자 했습니다. 건강과 열정도 자신 있었습니다. 하지만 막상 회사를 떠나면 무엇을 할지 아이디어가 없었습니다. 불안한 마음에 퇴근 후 여러 기술 관련 자격증을 따기 시작했습니다. 문제는 그다음이었습니다. 나이가 많고 실제 경험이 부족하면 자격증이 있어도 활용하기 어렵다는 이야기를 들었습니다. 그는 즉시 다른 자격증을 알아봤습니다. "안전환경 자격증이 낫지 않을까? 건물관리 쪽이 더 맞을까?" 고민만 늘어갔습니다.

결국 몇 년 동안 공부하다가 멈추고, 다른 자격증을 준비하다가 바꾸는 일이 반복됐습니다. 미래를 준비한다는 성실성은 높이 살 만하지만 인성이 상관을 짓누르며 길을 막는 전형적인 '파료상관'의 모습입니다.

우등생으로 학창시절을 마치고 좋은 회사에서 평생을 조직인으로 살아온 분들은 문제를 마주했을 때 공부를 가장 먼저 떠올리곤 합니다. 성실함에 기반한 지식 습득력이 지난 수십 년간 이들의 무기였던 것은 틀림없습니다. 그러나 B 부장처럼 무턱대고 자격증 준비만 하다가는 은퇴 후 당장 새 일이 없는 현실과 마주하게 될지도 모릅니다.

B 부장의 모습은 남의 이야기가 아니라 우리 주변의 누군가, 어쩌면 바로 나 자신의 모습일지도 모릅니다. 성실하게 준비하는 태도만큼은 칭찬받아 마땅하지만 냉정히 말하면 '운동장을 열심히 돌고 또 돌아 결국 다시 출발선에 서 있는 모습'과 다르지 않습니다.

### 한 발짝만 더 나아가면

그렇다면 B 부장의 노력이 헛되지 않기 위해 그가 어떻게 했어야 할까요?

첫째, 지인의 말만 들을 것이 아니라 실제 종사자들을 여럿 만나 업계가 보는 자신의 수준과 향후 가능성을 직접 점검했어야 합니다. 이런 과정을 생략하다 보니 이 분야, 저 분야를 기웃거리며 자격증 공부를 한 것은 결국 불안을 달래는 용도밖에는 되지 않았습니다.

둘째, 가능하다면 실제 현장을 체험했어야 합니다. 자격증이 곧바로 취업으로 이어진다 해도 업계 문화나 일의 특성이 자신과 맞지 않으면 오래 버티기 어렵습니다. 청년 시절에는 꾸지람을 들어도 견디기 쉽지만, 오십 이후에 재취업한 경우에는 그렇지 않습니다. 게다가 한국 사회의 나이 문화 탓에 적응이 쉽지 않을 수 있기에 사전에 현장을 경험해 보는 과정은 꼭 필요합니다.

실제 사례도 있습니다. 은퇴를 앞둔 P 부장은 퇴직 후 카페 창업을 준비하며 지인의 카페에서 주말마다 아르바이트를 했습니다. 커피 내리는 일부터 전산·재료 관리, 아르바이트 인력 관리까지 직접 배우며 체험을 했습니다. 몇 달 만에 그는 고객 불만 처리와 인력 관리가 생각보다 훨씬 까다롭다는 사실을 깨달았습니다. 또한 거리 몇 미터 차이만으로도 손님 수가 크게 달라지는 상권의 무서움도 경험했습니다. 이 과정을 통해 그는 '프랜차이즈 가맹점을 열지, 독자 브랜드를 시작할지'라는 고민까지 구체적으로 할 수 있었습니다.

P 부장의 사례는 B 부장보다 한 발 더 나아가 인성과 상관의 균형을 찾은 좋은 예라 할 수 있습니다. 은퇴 후 프리랜서 활동이나 창업을 준비하며 여러 고민을 하고 공부하는 것은 당연히 해야 할 일입니다. 그러나 생각에만 머물다 퇴직하면 현실과의 괴리에 부딪혔을 때 충격이 훨씬 커집니다. 이미 많은 선배들의 경험이 이를 증명합니다.

따라서 파료상관이 경계하는 바와 같이, 지나치게 고민하다 현실에 놀라지 말고 적당히 고민한 뒤 현장에서 검증하고 보완하는 것이 바람직합니다. 이 균형 잡힌 과정이야말로 인생 2막을 준비하는 가장 현명한 길이며 새로운 무대에 서려는 모든 이들에게 필요한 든든한 지침입니다.

# 앞길을 막는 것은
# 피해야 한다

귀물제거(鬼物除去)

오십 년 넘는 삶을 돌아보면 즐거웠던 순간만큼 힘겹고 괴로웠던 순간도 있었을 겁니다. 그런데 혹시 일이 잘 풀리려는 순간마다 어김없이 등장해 발목을 잡는 '무언가'가 있지 않았나요? 없다면 다행이지만 많은 분들이 사주 상담 자리에서 속 깊은 이야기를 나누며 자신만이 알고 있는 그 '무언가'를 털어놓곤 합니다.

명리학에서는 이것을 '귀물(鬼物)'이라고 부릅니다. '귀신 귀(鬼)'에 '물건 물(物)'을 쓰니 이름만 들어도 꺼림칙하지요. 명리에서는 귀물을 만나면 당연히 '제거(除去)'해야 한다고 말하는데, 이를 일컫는 사자성어가 바로 귀물제거입니다.

이론적으로 귀물이란 '대세를 따라가려는 나의 흐름을 방해하는 기운'입니다. 명리의 기본은 간단합니다. 나의 기운이 약하면 보완하고 너무 강하면 눌러주어야 한다는 것이지요. 그런데 특정 기운이 지나치게 강해 눌러내기조차 어렵다면 차라리 그 힘을 따라가는 게 맞습니다. 이렇게 대세를 추종하는 경우를 종격(從格)이라 부릅니다.

문제는 이렇게 대세를 따라가려는 마음을 꺾는 또 다른 힘이 개입할 때입니다. 이 힘이 바로 귀물입니다. 대세를 거스르려 할 때 삶이 흔들리고 혼란이 커집니다. 어렵게 느껴진다면 이렇게 생각하셔도 됩니다. 앞길을 방해하는 모든 것, 그것이 곧 귀물이라고 말입니다.

사람마다 귀물의 모습은 다릅니다. 어떤 이에게는 성격이나 습관일 수도 있고 어떤 이에게는 신체적 약점, 가족 관계, 혹은 경력의 한 부분일 수도 있습니다. 이미 내가 지닌 것, 혹은 지나간 과거를 되돌릴 수 없다면 오랫동안 내 곁에 붙어 있던 귀물을 어떻게 제거할 수 있을까요?

## 문제의 본질을 보라

천재지변을 제외하면 인생의 위기는 대체로 두 가지가 겹칠 때 찾아옵니다. 첫째는 상황 자체가 불리할 때, 둘째는 그 상황에 대한 나의 선택과 행동이 미흡할 때입니다. 외부 환경은 내가 통제하기 어렵기에 결국 중요한 것은 나의 선택과 행동입니다. 그런데 이 과정에 귀물이 개입하면 판단력과 대응력이 떨어져 더 큰 어려움을 겪게 됩니다.

대기업에 근무하는 P 부장은 매번 승진이 1~2년씩 늦었습니다. 그는 원인을 자신의 전공에서 찾았습니다. 동기들 중 승진이 빠른 이들은 특정 학과 출신이었기 때문입니다. 그러나 회사는 오래전부터 학력 차별을 두지 않기로 유명했습니다. 다만 사업부에 우연히 그 학과 출신이 많았을 뿐입니다.

문제는 여기서 시작됩니다. 인종, 성별, 나이, 학력처럼 바꿀 수 없는 조건을 원인으로 단정하면 설명은 쉬워집니다. 하지만 이는 본질을 흐리는 위험한 함정입니다. P 부장은 '내가 늦게 승진한 건 전공 탓'이라 단정하며 인사팀이나 상사에게 확인조차 하지 않았습니다. 사실 여부를 검증하지 않은 채 귀물로 받아들인 것입니다. 이는 밤길에 그림자를 보고 귀신이라 생각하며 놀라는 것과 같습니다.

설령 회사가 특정 학과를 우대했다고 하더라도 핵심은 그 학과가 아니라 그 학과 출신들이 보여 준 기술 이해도와 응용력일 수 있습니다. 만약 P 부장이 동료들과 지식·응용력에서 차이가 없음을 업무로 증명했음에도 승진에서 불이익을 당했다면, 그때 비로소 귀물로 규정할 수 있을 겁니다. 그러나 이렇게까지 철저히 확인한 뒤에도 남는 귀물은 많지 않습니다.

### 진짜 귀물이라면 피하라

물론 그렇게 느낀 데에는 나름의 경험적 이유가 있었을 겁니다. 그러나 그것이 문제의 전부인지 일부인지 아니면 전혀 상관없는 허상인지는 반드시 확인해야 합니다. 스스로 점검하고 회사에도 물어봤더라면 결과는 달라졌을지 모릅니다.

그리고 정말 귀물이 맞다면 다시 말해 내 인생에서 이제는 바꿀 수 없는 어떤 것이 발목을 잡아 왔다면 그 분야는 과감히 피하는 것이 상책입니다. 정확히는 선택 자체를 하지 않는 것입니다.

저는 외국계 기업에 근무하는데, 이삼십 대 직원들에게는 반드시 유창한 영어 실력을 키우라고 조언합니다. 하지만 오십에 가까운 직원이 여전히 영어 대화에 어려움을 겪고 있다면 이메일 소통에 필요한 최소한의 영어만 유지하고 본인의 전문 영역에서 최고가 되라고 말합니다. 극한의 노력으로 영어를 마스터할 수도 있겠지만, 그 에너지를 원래 잘하던 분야에서 1등이 되는 데 쓰는 것이 훨씬 현명합니다. 나이에 따라 배움의 속도와 경쟁력이 달라지기 때문입니다.

따라서 내 인생의 발목을 잡는 귀물이 있다고 느낀다면 두 가지만 기억하세요. 첫째, 그것이 진짜 본질적 이유인지 철저히 확인하세요. 둘째, 정말 귀물이 맞다면 그것이 통하지 않는 분야를 선택하세요. 오십 이후의 삶에서 중요한 것은 무모한 도전이 아니라 '무모함을 끊는 용기'입니다. 때로는 포기가 가장 현명하고도 용기 있는 태도입니다.

# 남에게 맞추더라도
# 나를 지키면서 가자

화위설상(化爲泄傷)

사주명리는 언제나 균형을 중시합니다. 힘이 지나치게 강하면 눌러주고 약하면 도와줘야 합니다. 더우면 서늘하게, 추우면 따뜻하게 해주듯 말이지요. 이런 관점에서 남을 돕거나 배려할 때도 적당한 선이 필요합니다. 앞선 글에서 '남을 도우라'는 이야기를 여러 번 했지만 그것이 곧 '내 것을 다 퍼주라'는 뜻은 아닙니다.

이 균형을 잃을 때를 경계하는 말이 바로 명리의 사자성어 '화위설상'입니다. 직역하면 '어떤 것으로 변하게(化, 될 화) 되었는데(爲, 하다/되다 위) 기운이 모두 빠져(泄, 새다/흘러나오다 설) 기운이 상하다(傷, 상처 상)'라는 뜻입니다.

## 내 본질을 잃는 순간

사주명리에는 '합화(合化)'라는 이론이 있습니다. 어떤 글자가 다른 글자와 어울려 새로운 오행으로 바뀌는 경우를 말합니다. 그런데 조화를 잘해 보겠다고 내 본질을 버리고 상대의 속성으로 변했다가 나의 모든 기운이 빠져나가는 경우가 있습니다. 이것이 바로 화위설상의 상황입니다. 남을 배려하다가 나만 지쳐버리는 모습, 결국 나 자신도 잃고 상대도 돕지 못하는 결과를 빚는 셈입니다.

사회에서 흔히 말하는 '아부'와 '상사의 마음을 세심히 배려하는 것'은 같은 행동에 대한 서로 다른 이름일 수 있습니다. 그 행동이 옳으냐 그르냐는 본질이 아닙니다. 개인의 선택이라면 결과적으로 나에게 이익이 돌아오도록 하는 게 중요합니다.

주변을 보면 상사나 고객에게 잘했을 때 보답을 받는 경우도 있고 그렇지 않은 경우도 있습니다. 이는 내가 전적으로 통제할 수 없는 영역입니다. 남의 마음과 상황을 내가 완전히 알 수 없기 때문입니다.

문제는 나를 갈아 넣을 만큼 상대에게 맞출 때 일어납니다. 흔히 '영혼까지 갈아 넣는다'는 표현을 쓰지만 저는 이 말을 좋아하지 않습니다. 명리학적으로 보면 합화의 모습인데 그 결과는 예측할 수 없기 때문입니다. 내 사주 안에 합화의 구조가 있는지는 분석이 가능하지만 상대의 사주를 모른 채 내 전부를 바쳐 합화하려는 것은 위험합니다. 사회생활에서 열심히, 절실하게 임하는 태도는 필요합니다. 그러나 내 영혼까지 갈아 버리며 헌신하는 것은 금물입니다.

대기업 기획·관리 부서의 B 부장은 지난 10년간 한 임원을 위해 헌신적으로 일해 왔습니다. 주말 근무도 마다하지 않았고 젊은 직원들이 야근을 꺼리면 자신이 실무까지 떠안아 상사가 원하는 품질의 보고서를 제때 내놓았습니다. 임원이 승진하면 자신도 상무가 될 것이라 믿었기 때문입니다. 가족 행사도 여러 번 거르며 버텼습니다. 국내 굴지의 기업에서 임원이 된다는 것은 군대에서 장군이 되는 것과 같다고 여겼기 때문입니다.

그러나 뜻밖의 인사발령이 났습니다. 모시던 임원이 다른 계열사로 승진 전보되면서 기존 참모들은 데려가지 않게 된 겁니다. 남은 자리에는 마침 과거에 불편한 관계였던 젊은 상무가 부임했습니다. 예전 충성 경쟁 과정에서 설전을 벌였던 인연이 있었지요. B 부장은 언젠가 전임 상사가 자신을 불러 줄 거라 기대했지만 몇 달이 지나도 소식은 없었습니다. 어렵게 알아보니 그 계열사에도 이미 쓸 만한 인재들이 많았고 그들 역시 충성심이 강했습니다.

그제야 B 부장은 깨달았습니다. 수년간 가족과 자신의 시간을 희생해 가며 쏟아부은 헌신이 결국 자신을 지켜 주지 못했다는 사실을요. 남은 것은 허탈감뿐이었습니다.

## 뭣이 중헌디

달리는 말에 올라타면 내리기 힘듭니다. 타지 않으면 갈 길이 멀고 올라타면 속도를 조절하기 어렵습니다. 그래서 중요한 건 누구의 말에 올라타느냐입니다. 내 소유의 말, 내가 길들인 말이라면 다소 느려도 안전합니다. 하지만 더 튼튼하고 빠른 기록만 보고 남의 말을 빌려 타면 고삐를 내가 통제하기 어렵습니다. 인간이란 욕망 앞에서 약한 존재입니다. 내가 타는 '말(馬)'이 내 '말(言)'을 듣는지 확인하지 않고 올라탔다간 내리지도 못한 채 끌려가게 됩니다.

결국 목적과 수단의 우선순위를 올바로 정해야 합니다. 출세도 행복을 위한 수단인데 어느 순간 수단이 목적을 앞서면 화위설상에 빠집니다. 합화의 작용은 일단 시작되면 멈추기 어렵습니다. 그래서 절실한 노력을 하기 전, 스스로에게 여러 번 물어야 합니다.

"나의 목적은 무엇인가?"
"지금의 수단은 그 목적을 돕고 있는가?"

노력을 안 해서 얻지 못하는 건 차라리 덜 슬픕니다. 더 큰 비극은 노력 끝에 모든 것을 잃는 경우입니다. 스무 살에는 경험만으로도 값지지만, 오십이란 나이는 더 이상 '좋은 경험'만으로 만족할 나이가 아닙니다. 오늘, 내 인생의 속도가 누구의 말 위에서 달리고 있는지 한 번 점검해 보면 어떨까요?

# 자존감과 자신감도
# 연습이 필요하다

신청기수(神淸氣秀)

　오십을 넘긴 분들 중에 자신감이 넘치는 분들을 찾기가 쉽지 않습니다. 사업하는 이는 세상의 변화 속도가 너무 빨라 시장과 기술을 따라가기 버겁다고 말합니다. 회사 임원들은 매년 재계약을 걱정하고 직원으로 일하는 이들은 자신의 경험보다 AI의 답변이나 젊은 직원들의 감각이 더 빛나는 현실 속에서 위축됩니다. 너무 비관적인 사례만 드는 것 같지만 사주명리를 매개로 속마음을 나누다 보면 대부분 비슷한 이야기를 꺼냅니다. 더구나 곧 육십을 앞두고 있다고 생각하면 인생 2막에 대한 불안감이 커지니, 겉으로는 원숙한 사회인이어도 속마음은 여전히 '어른이'에 가깝다고 말합니다.

## 신청기수, 자존감과 자신감을 세우는 법

저 역시 같은 나이를 살고 있기에, 오십을 사는 우리에게 어떤 지혜가 용기를 줄 수 있을까 고민하다 한 사자성어를 떠올렸습니다. 바로 신청기수입니다.

'신(神)'은 내 마음을, '기(氣)'는 내 삶의 무기가 되는 기운을 뜻합니다. 전체의 의미는 '마음이(神, 정신 신) 맑고(淸, 맑을 청) 사용하는 기운이(氣, 기운 기) 뛰어나다(秀, 빼어날 수)'입니다. 마음이 맑다는 것은 자기 중심이 잘 잡혀 있다는 뜻, 곧 자존감이 높다는 뜻입니다. 사용하는 기운이 뛰어나다는 것은 일상에서 내가 가진 힘을 잘 발휘해 자신감이 드러나는 상태를 말합니다. 자존감은 사회적 위치와 상관없이 어떤 상황에서도 나를 아끼며 주체적으로 판단할 수 있는 내적 힘이고, 자신감은 현재의 삶 속에서 환경과의 주고받음을 통해 편안함을 느낄 때 생기는 외적 힘입니다. 저는 전자를 내적 고양감, 후자를 외적 고양감이라 부르고 있습니다.

외적인 교류에서 부정적인 피드백을 자주 받으면 내적 자아도 흔들리기 마련입니다. 그러나 마음의 뿌리가 단단할수록 외부에서 들어오는 부정적인 신호를 일정 부분 걸러낼 수 있습니다. 제가 상담하며 만나거나 오래 지켜본 중년들 중 행복하게 사는 분들은 공통적으로 자존감과 자신감을 '지키려는 노력'을 멈추지 않았습니다.

'지킨다'고 표현한 이유는 간단합니다. 앞서 말했듯 오십 이후의 삶에서 높은 수준의 자존감과 자신감을 꾸준히 유지하는 사람은 많지 않기 때문입니다.

중소기업을 운영하는 S 대표의 이야기가 좋은 예입니다. 그가 몸담은 업계는 지난 10여 년간 호황과 불황이 잦았습니다. 업계 특성상 본인의 노력만으로는 시장의 흐름을 바꿀 수 없었기에 무력감을 느낄 때가 많았다고 합니다. "열심히 해도 업황이 나쁘면 소용없고 또 좋은 시기에는 저절로 실적이 오르니 내 노력이 무슨 의미가 있나 싶었다."는 것이 그의 솔직한 고백이었습니다.

고민 끝에 그가 내린 결론은 단순했습니다. "어차피 이 사업을 계속할 거라면 외부 성과가 아니라 내 안의 기준에 맞춰 나를 평가하자."

그는 고객을 위해 최선을 다했다면 연말 결산 수치가 좋든 나쁘든 그해를 '성공한 해'로 부르기로 마음먹었습니다. 실제로 실적이 좋지 않았던 해에도 어렵게 예산을 마련해 직원들과 함께 작은 축하 자리를 열었다고 합니다. 그러자 단기적 성과에 일희일비하지 않는 마음이 생겼고 내적 안정감이 훨씬 커졌습니다.

 물론 작은 회사를 운영하다 보면 자금난으로 스트레스가 쌓이기도 합니다. 그러나 그는 "내 마음이 단단해진 지금은 예전보다 훨씬 빨리 회복한다."고 말합니다. 결국 외부 상황이 아니라 스스로 세운 기준이 자존감을 지켜 주는 힘이 된 것입니다.

 M 파트장은 공대 출신의 대기업 부장급 간부로, 파트 내에 대여섯 명의 기술직 직원들을 두고 있습니다. 그는 스스로를 '외부 평가에 지나치게 민감한 성격'이라고 진단했습니다. 아무리 내적 자존감을 키우려 애써도 공식적인 평가에서 낮은 점수를 받으면 마음이 쉽게 무너진다고 했습니다.

 그래서 생각해 낸 방법은 단순하지만 실질적이었습니다. 바로 '회사에서 연간 평가 기준을 정할 때 상사와 합의하는 과정에서 스스로 납득할 수 있는 목표만 받아들이는 용기를 내는 것'이었습니다. 회사는 종종 달성하기 힘든 목표를 제시했기에 합리적인 목표를 두고 상사와 마찰을 빚은 적도 많았습니다. 그러나 일단 자신이 납득한 목표를 설득해 받아들인 뒤에는 동기부여가 강해져 대부분의 목표를 달성할 수 있었습니다. 혹여 달성하지 못했더라도 자존감에 상처받기보다 '내가 어떤 역량을 더 길렀어야 했는가'라는 성찰의 도구로 삼을 수 있었습니다.

## 내적 자존감과 외적 자신감, 서로 다른 해법

앞서 소개한 두 사례는 서로 다른 성향과 환경을 보여 줍니다. 내향형 인간이라면 S 대표처럼 자존감을 먼저 단단히 세우는 것이 중요합니다. 반대로 외향형 인간이라면 M 파트장처럼 자신감을 지켜 낼 수 있는 환경을 조성하는 편이 효과적입니다.

혹자는 사주이론의 신청기수를 두고 '마음을 먼저 바르게 하고(신청), 무기를 준비하는 것(기수)이 다음'이라고 해석할 수도 있습니다. 그러나 이 두 개념 사이에는 명확한 순서가 없습니다. 신청이 먼저든, 기수가 먼저든 자신의 성향에 맞게 하나를 먼저 확보하면 다른 하나도 자연스럽게 따라온다는 것이 핵심입니다.

신청기수의 마음을 갖는 데 있어 한 가지 더 중요한 점이 있습니다. 새로운 일을 시작하기 전, 자존감과 자신감을 미리 예습해 두는 것입니다. 마음 준비가 단단히 되지 않은 채 새로운 시도를 하면 작은 어려움에도 한순간에 무너질 수 있습니다.

청년 시기에는 힘들 때 주변에 고민을 털어놓을 어른이나 또래 친구들이 비교적 많습니다. 그러나 오십 즈음에는 다릅니다. 각자 자신의 무거운 고민을 안은 채 마치 섬처럼 홀로 버티는 경우가 많습니다. 그래서 더욱 필요합니다. 오늘부터라도 신청기수의 마음 훈련을 시작하십시오. 자존감과 자신감을 단단히 세워두면, 인생의 다음 단계에서 어떤 파도가 몰려와도 쉽게 흔들리지 않습니다.

  무엇보다 중요한 것은 '오늘이 가장 빠른 때'라는 사실입니다. 마음의 준비가 늦을수록 더 많은 후회가 남지만 지금 시작한다면 내일은 분명 달라질 수 있슴니다.

에필로그
## 사주가 내게 가르쳐 준 것들

    이 글을 마무리하는 지금, 저는 오십대 초반에 서 있습니다. 명리의 세계에 입문한 것이 2005년 입춘 무렵이니 어느덧 20년이 넘는 시간이 흘렀습니다. 사회생활 초년 시절, 잦은 이직으로 고민했기에, 스스로를 더 잘 이해하고 삶의 선택에서 두려움을 줄이고자 사주 공부를 시작했습니다. 그러나 지금 돌아보면 그 목적을 온전히 달성했다고 평가하기는 어렵습니다. 걱정과 근심은 여전히 현재 진행형이기 때문입니다. 이는 명리학 자체의 한계가 아니라 애초에 '선택의 두려움을 없애겠다'는 제 기대가 잘못된 것이었습니다. 살아가면서 경제활동을 하고 인간관계를 유지하는 한, 통제하기 어려운 상황과 힘든 선택은 늘 존재하기 때문입니다. 설령 명리의 예측 기능을 통해 미래를 내다본다 해도 사안의 중요성과 욕망이 교차하는 순간 평정심을 유지하기란 대단히 어렵습니다.

  그러면 사주명리를 공부한 것을 후회하느냐 하면, 그렇지 않습니다. 공부하는 과정에서 참으로 귀한 인연들을 여럿 만났고 일상에서 접하기 힘든 다양한 삶의 이야기를 들으며 인생의 큰 배움을 얻었기 때문입니다. 또 일이 잘 풀리지 않을 때 스스로를 탓하는 마음도 줄어들었습니다. 달리 말해 '팔자 탓'을 하며 자기 비난을 하는 일이 줄었습니다.

### 선택의 두려움에서 위로로

  중년에 이르면 사회적 위치는 젊을 때보다 높아지지만 새로운 도전에 대한 용기는 줄고 체력은 부담으로 다가옵니다. 게다가 빨리 변하는 세상 앞에서 자신감이 쉽게 흔들리기도 합니다. 그럴 때 내 사주팔자를 보며 '노력이 부족한 탓만은 아니다'라고 생각할 수 있다면 마음이 한결 편해집니다. 물론 사주명리의 위로 기능은 세대에 관계 없이 유효하지만 젊지도 늙지도 않은 '낀 세대'들에게는 자신만을 탓하지 않는 태도가 특히 더 절실

합니다.

하지만 중년은 사회에서 여전히 성과를 내야 하는 시기이기도 합니다. 마음의 위로도 필요하지만 동시에 자신의 일을 '잘' 해야 하는 나이이지요. 저는 그래서 팔자를 탓하면서도 동시에 활용할 줄도 알아야 하는 나이가 오십 무렵이라고 생각했습니다. 이런 고민 속에서 이 책을 집필했습니다. 명리학은 생년월일시에 근거한 운명을 완전히 바꾸기는 어렵다고 전제하지만 그 원리가 자연의 이치에서 나온 만큼 운의 메커니즘을 일상에 적용한다면 위로와 성취, 두 마리 토끼를 잡는 데 도움이 될 수 있습니다.

이 책에 담긴 명리 사자성어들은 사주 학습의 중·고급 단계에서 자주 접하는 핵심 이론이자, 실제 상담 현장에서도 자주 쓰이는 표현들입니다. 그런데 저는 이 사자성어들이 단지 운명 풀이에만 머무는 것이 아니라 일상적인 생활, 관계를 이해하는 데도 유용하다는 사실을 알게 되었습니다. 그래서 책의 메시지를 응축적으로 전달하기 위해 이 사자성어들을 활용했습니다. 더 깊이 공부하고 싶은 분들은 자강 이석영 선생님의 《사주첩경》을 참고하시길 권합니다.

### 인생의 가을을 더 단단하게

책을 쓰는 과정에서 감사할 분들이 많습니다만, 다음의 분들에 대해서만 언급하는 것에 양해를 구합니다. 삼성물산 패션부문 고희진 부사장님은 제가 사주 공부를 시작한 2005년에 만난 20년 인연입니다. 2025년 봄, 책 이야기를 하던 중 '인생의 가을이 길어진다'는 중년의 현실을 짚어 주셔서 큰 인사이트를 얻을 수 있었습니다.

또 명리학 공부의 마지막 스승인 부산의 정숙정 선생님께는 아무리 감사 인사를 드려도 부족합니다. 해마다 저와 가족의 건강을 기도해 주시고, 부족한 제자가 불경기에 회사의 어려움을 겪지는 않는지 늘 살펴봐 주십니다. 제가 지금 상담에서 사용하는 고급 명리기술의 대부분은 선생님께 배운 것입니다.

금융권에 계신 하준두 대표님께도 감사드립니다. 제 책을 늘 재미있게 읽어주시며 더 쓰라고 독려해 주시는 덕분에 매번 용기를 얻어 다시 글을 쓸 수 있었습니다. 그 밖에도 상담하며 만난 수많은 인연들이 이 책의 내용을 채워 주셨습니다.

이 책은 오십을 맞이했거나 곧 맞이할 중년들을 위해 쓴 글입니다. 저와 비슷한 또래 친구들의 이야기이지요. 요즘 주위의 오십들을 둘러보면 직위가 높건 아니건, 연봉이 많건 적건 간에 대체로 걱정과 근심이 많습니다. 평균 수명은 길어졌는데 일할 수 있는 시간은 줄어들었고, 자녀들의 진학과 취업, 부모님 부양 문제까지 겹쳐 있습니다. 미래 걱정에 소비도 마음대로 못하지요.

 이런 상황에서 매일 즐겁게 살기는 어렵습니다. 그러나 인생은 한 번뿐이고, 인생의 가을 다음은 겨울이지 봄이 아닙니다. 그렇기에 가을의 여정을 조금이라도 더 마음 편하게, 원하는 것도 얻으며 사시면 좋겠다고 생각합니다. 독자 여러분의 중년 시기가 행복하기를 두 손 모아 기원합니다.

**부록**

# 셀프 명리학 기초, 세상을 이해하는 최소한의 지식

## 부록을 준비한 이유

책의 본문 곳곳에서 사주명리의 핵심 이론인 오행과 십신을 언급했습니다. 간략히 설명은 드렸지만 더 알고 싶은 분도 계실 것이고 "그럼 내 사주에는 어떤 오행과 십신이 있을까?" 하고 궁금해진 분도 있으실 겁니다. 그래서 이 부록에서는 오행과 십신을 조금 더 쉽게 이해할 수 있도록 정리하고 나의 생년월일시에는 어떤 글자들이 들어 있는지 확인할 수 있는 기초 이론을 소개해 드리려 합니다.

여기서 다루는 내용은 사주명리를 공부하면 처음 몇 달간 반복해서 배우는 기본 중의 기본이지만 이것이 이론의 전부는 아닙니다. 다른 원리들을 함께 익히고, 수많은 사람들의 사주 사례를 접해야 보다 깊이 있는 공부가 됩니다.

그럼에도 불구하고 한 가지 분명한 점은 나 자신만큼은 내가 가장 잘 안다는 사실입니다. 오행과 십신의 기본 개념을 살펴본 뒤 과거의 모습과 겹쳐 보며 내 사주 속 글자들을 들여다보면 의외로 많은 깨달음이 떠오를 수 있습니다.

이러한 흥미를 바탕으로 본격적인 공부에 도전하고 싶은 분들께는 제가 이전에 집필한 《혼자 시작하는 사주 명리 공부》를 비롯해, 여러 선생님들의 입문서나 온·오프라인 강의를 추천드립니다.

그럼 이제, 기초 이론부터 하나씩 살펴보겠습니다.

### 암기할 한자는 스물두 개뿐

많은 분들이 명리학을 어렵다고 느끼는 가장 큰 이유가 한자입니다. 저 역시 예전에는 유려한 필체로 한자를 쓰며 상담하는 명리학자를 보며 '멋있다'는 생각과 동시에 '저건 내 길이 아니구나' 하고 물러섰던 기억이 있습니다. 그런데 막상 공부를 시작해 보니 꼭 알아야 할 한자는 고작 스물두 개뿐이었습니다. 그리고 그마저도 단지 낯설 뿐, 사실은 이미 우리 생활 속에서 자주 접해 온 단어들이었습니다.

예를 들어 새해가 되면 '2026년 병오년, 말의 해'와 같은 이야기를 흔히 듣는데요. 여기서 '병오'는 두 글자의 조합입니다. 첫 번째 글자 '병(丙)'은 '갑·을·병·정·무·기·경·신·임·계(甲乙丙丁戊己庚辛壬癸)'라 불리는 열 가지 글자 중 세 번째로, 이를 십간(十干)이라고 합니다. 사주에서는 보통 위쪽에 적히는데, 하늘에 해당한다고 해서 천간(天干)이라 부르기도 합니다.

두 번째 글자 '오(午)'는 '자·축·인·묘·진·사·오·미·신·유·술·해(子丑寅卯辰巳午未申酉戌亥)'라는 열두 글자 중 일곱 번째로 이를 십이지(十二支)라고 합니다. 흔히 띠(쥐띠, 소띠, 호랑이띠 등)로 표현되는 것이 바로 이 십이지입니다. 사주에서는 아래쪽에 적히며 땅에 해당한다고 해서 지지(地支)라 부릅니다.

이렇게 십간(10개)과 십이지(12개)를 조합하면 총 60개의 경우가 만들어집니다. 우리가 흔히 듣는 '병오년', '정미년', '무신년' 같은 해 이름들이 모두 여기에 속합니다. 첫 번째 조합인 '갑자(甲子)'에서 시작해 마지막 '계해(癸亥)'까지 돌아가면 60년이 지나고, 그다음 해에는 다시 '갑자'로 시작합니다. 이 때문에 60갑자를 한 바퀴 돌았다는 의미로 '환갑(還甲)'이라는 표현이 생겼습니다.

즉, 여기까지 소개한 천간과 지지, 스물두 글자만 익히면 명리학의 기초를 시작할 준비가 된 셈입니다. 겉보기엔 어려워 보여도 사실은 우리 주변에서 늘 쓰이던 개념이었습니다.

### 천간

| 갑 | 을 | 병 | 정 | 무 | 기 | 경 | 신 | 임 | 계 |
|---|---|---|---|---|---|---|---|---|---|
| 甲 | 乙 | 丙 | 丁 | 戊 | 己 | 庚 | 辛 | 壬 | 癸 |

### 지지

| 자 | 축 | 인 | 묘 | 진 | 사 | 오 | 미 | 신 | 유 | 술 | 해 |
|---|---|---|---|---|---|---|---|---|---|---|---|
| 子 | 丑 | 寅 | 卯 | 辰 | 巳 | 午 | 未 | 申 | 酉 | 戌 | 亥 |

### 음양오행이란 무엇인가

명리학을 비롯한 동양철학의 기본은 '태초의 기운이 음(陰)과 양(陽)으로 나뉘어 만물을 구성한다'는 것입니다. 그런데 음양(陰陽)의 기운은 실제 세상에 구현되는 과정에서 다섯 가지의 기본 요소로 표현됩니다. 물, 불, 나무, 금속, 흙이 바로 그것인데, 이 다섯 가지를 일컬어 '오행'이라고 합니다. 금속과 물은 차가운 음에서 나왔고, 나무와 불은 따뜻한 양에서 나왔다고 봅니다. 흙은 중용(中庸)을 지키는 자리로 간주합니다. 고대 그리스 철학자들은 물, 불, 흙, 공기의 4원소설을 주장한 바 있는데 이 4원소설의 동양 버전이라고 보면 됩니다. 이러한 배경을 가지고 있는 음양오행은 명리학과 대체 무슨 관계가 있을까요?

**태어나는 순간 정해지는 삶의 기본 방향**

명리학에서는 사람의 출생 정보, 즉 생년월일시를 무엇보다 중요하게 여깁니다. 아기가 엄마 뱃속에서 세상 밖으로 나와 첫 울음을 터뜨리는 순간, 바로 그 시점의 기운을 받아 평생을 살아가게 된다고 보기 때문입니다. 다시 말해 태어난 연·월·일·시에 부여된 오행의 기운이 일종의 기본값이 되어 이후 살아가며 만나는 다양한 기운들과 끊임없이 교류하면서 인생의 길흉화복에 영향을 미친다는 것입니다.

오행을 이렇게 출생 시점에 대입할 때는 '나무, 불, 흙, 금속, 물'이라는 이름 대신 십간십이지를 사용합니다. 태어난 연·월·일·시마다 천간에서 한 글자, 지지에서 한 글자를 가져와 표현하지요. 예컨대 2026년은 병오년이라 부릅니다. 천간의 '병(丙)'과 지지의 '오(午)'를 합친 것입니다. 같은 방식으로 월, 일, 시도 각각 두 글자로 기록하게 됩니다.

이렇게 얻은 천간과 지지의 글자들은 모두 오행 중 하나를 대표합니다. 따라서 특정 시점에 태어난 사람은 그 순간의 기운을 담은 여덟 글자를 평생의 '오행 데이터'로 지니게 됩니다.

연·월·일·시를 각각 두 글자로 표현하면 모두 네 기둥, 여덟 글자가 되는데, 이를 사주팔자(四柱八字)라 부릅니다. '네 개의 기둥(四柱)'에 세워진 '여덟 글자(八字)'가 바로 그 사람의 삶의 설계도 같은 의미를 갖게 됩니다.

**사주팔자 예시**

|  | 시간 | 일간 | 월간 | 연간 |
|---|---|---|---|---|
| 천간 | 丁 | 戊 | 己 | 乙 |
| 지지 | 巳 | 子 | 丑 | 未 |
|  | 시지 | 일지 | 월지 | 연지 |

사주팔자의 여덟 글자는 모두 중요하지만 그중에서도 특히 태어난 날의 천간인 일간(日干)은 자기 자신을 나타내는 중요한 글자입니다.

즉, 일간(나 자신)을 중심으로 내 주변을 둘러싼 일곱 개 글자들의 관계를 운의 흐름에 맞게 살펴보고 해석하는 것이 사주명리를 보는 것이라고 할 수 있지요.

### 오행 다섯 글자들의 관계

오행을 이루는 다섯 기운은 서로 고립되어 있지 않습니다. 때로는 서로를 북돋우고 때로는 제어하며 균형을 맞춥니다.

먼저 돕는 관계를 한번 볼까요? 물이 나무에 스며들면 나무는 무성하게 자랍니다. 그래서 '물이 나무를 생한다(수생목[水生木])'고 표현합니다. 나무는 땔감이 되어 불을 키우니 '나무가 불을 생한다(목생화[木生火])'가 됩니다. 불은 땅을 따뜻하게 데워 씨앗이 뿌리내릴 수 있게 도와줍니다. 그래서 '불이 흙을 생한다(화생토[火生土])'라고 하지요. 흙은 오랜 세월이 지나 바위와 광물이 되어 금속의 원석이 됩니다. 즉 '흙이 쇠를 생한다(토생금[土生金])'는 뜻입니다. 마지막으로 바위산에서 스며 나온 물방울이 모여 시냇물과 강, 바다로 이어집니다. 광물인 금속이 물을 길러 낸다는 의미에서 '쇠가 물을 생한다(금생수[金生水])'라고 부릅니다. 이렇게 다섯 기운이 서로를 살려내는 선순환의 고리가 완성됩니다.

그러나 돕는 관계만 있는 것은 아닙니다. 서로를 제어하는 관계도 있습니다. 물은 불길을 끄니 '물이 불을 극한다(수극화[水剋火])', 불은 쇠를 녹이니 '불이 쇠를 극한다(화극금[火剋金])'라고 합니다. 쇠는 도끼가 되어 나무를 베고(금극목[金剋木]), 나무는 뿌리로 흙을 파고들어 땅의 기운을 제어합니다(목극토[木剋土]). 마지막으로 흙은 제방이 되어 물의 흐름을 막습니다(토극수[土剋水]).

이렇듯 오행은 서로를 살리면서도 견제하며 균형을 유지합니다. 자연의 이 법칙은 인간관계에도 그대로 비유할 수 있습니다. 누군가는 나를 돕고 또 누군가는 나를 제어하면서 결국 균형 잡힌 삶의 흐름을 만드는 것이지요. 이처럼 오행은 서로를 돕거나 제어하는데, 이를 '상생상극(相生相剋)의 관계'라 합니다.

**상생상극 관계**

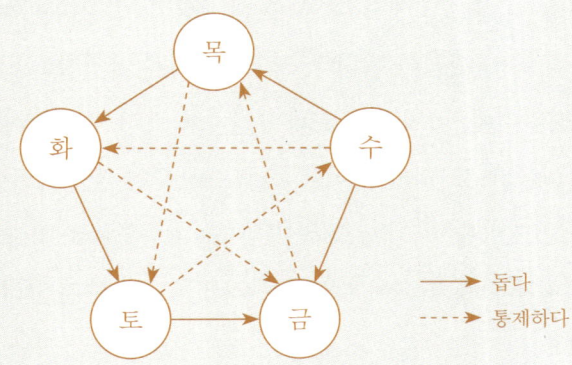

### 천간과 지지란

앞으로는 오행을 나무, 불, 흙, 금속, 물이라고 풀지 않고, 바로 목, 화, 토, 금, 수라고 하겠습니다. 흔히 목·화는 양의 기운, 금·수는 음의 기운, 토는 음과 양을 모두 지녔다고 합니다. 그런데 조금 더 세밀하게 보면 목에도 양의 목과 음의 목이 있고 다른 오행들도 마찬가지입니다.

자연을 살펴보면 그 이유를 금세 알 수 있습니다. 같은 나무라 해도 꺾일지언정 꿋꿋한 소나무가 있는가 하면, 바람 앞에 드러눕다가도 다시 일어나는 풀이나 등나무 같은 유연한 나무도 있습니다. 불도 태양처럼 거대한 불이 있는가 하면 집 안의 등불처럼 잔잔한 불도 있지요. 바다와 강물은 웅장하지만 새벽의 이슬은 작고도 소중한 물입니다. 드넓은 초원과 농촌의 논밭, 가공 전의 원석과 세공된 보석 역시 같은 오행이라도 다른 얼굴을 보여 줍니다.

또 오행은 하늘에 있는 것과 땅에 있는 것으로 나뉩니다. 하늘의 오행은 '천간'이라 하여 정신세계를, 땅의 오행은 '지지'라 하여 현실세계를 상징합니다. 이렇게 구분하는 까닭은 우리의 내적 상태와 외적 환경을 더 잘 묘사하기 위함입니다.

### 천간과 지지의 의미

천간은 '갑·을·병·정·무·기·경·신·임·계' 열 개로 이루어져 있습니다. 천간에서는 목을 양의 목, 음의 목으로 나누고 이를 각각 '갑(甲)', '을(乙)'이라고 합니다. 화 또한 양의 화, 음의 화로 나누고 이를 각각 '병(丙)', '정(丁)'이라고 합니다. 토를 양의 토, 음의 토로 나누고 이를 각각 '무(戊)', '기(己)'라고 합니다. 금을 양의 금, 음의 금으로 나누고 이를 각각 '경(庚)', '신(辛)'이라고 합니다. 수를 양의 수, 음의 수로 나누고 이를 각각 '임(壬)', '계(癸)'라고 합니다.

**천간의 분류**

| 오행 | 목 | | 화 | | 토 | | 금 | | 수 | |
|---|---|---|---|---|---|---|---|---|---|---|
| 음양 | 양 | 음 | 양 | 음 | 양 | 음 | 양 | 음 | 양 | 음 |
| 천간 | 갑 | 을 | 병 | 정 | 무 | 기 | 경 | 신 | 임 | 계 |

지지는 '자·축·인·묘·진·사·오·미·신·유·술·해', 총 열두 개로 이루어져 있습니다. 지지에서는 목을 양의 목, 음의 목으로 나누고 각각 '인(寅)', '묘(卯)'라고 합니다. 화를 양의 화, 음의 화로 나누고 각각 '사(巳)', '오(午)'라고 합니다. 토의 경우는 양의 토를 '진(辰)'과 '술(戌)' 두 개로, 음의 토를 '미(未)'와 '축(丑)' 두 개로 나눕니다. 금을 양의 금, 음의 금으로 나누고 각각 '신(申)', '유(酉)'라고 합니다. 수를 양의 수, 음의 수로 나누고 각각 '해(亥)', '자(子)'라고 합니다.

### 지지의 분류

| 오행 | 목 | | 토 | 화 | | 토 | 금 | | 토 | 수 | | 토 |
|---|---|---|---|---|---|---|---|---|---|---|---|---|
| 음양 | 양 | 음 | 양 | 양 | 음 | 음 | 양 | 음 | 양 | 양 | 음 | 음 |
| 양력 | 2월 | 3월 | 4월 | 5월 | 6월 | 7월 | 8월 | 9월 | 10월 | 11월 | 12월 | 1월 |
| 지지 | 인 | 묘 | 진 | 사 | 오 | 미 | 신 | 유 | 술 | 해 | 자 | 축 |

**주.** 인월은 음력으로 1월에 해당합니다. 전통 명리학 서적에서는 보통 월을 음력 기준으로 표기하지만 이 책에서는 독자의 편의를 위해 양력으로 표기했습니다. 다만 월의 시작은 단순히 매월 1일이 아니라 24절기 기준으로 정해집니다. 예를 들어 인월은 대체로 양력 2월 초에서 3월 초 사이에 해당하고 묘월은 3월 초에서 4월 초 사이로 이해하면 큰 무리가 없습니다.

토의 지지는 왜 네 개일까요? 원래 오행을 각각 음과 양으로 나누면 열 개가 되어야 합니다. 천간은 열 개로 딱 맞지요. 그런데 지지는 우리의 현실 세계를 다루는 분야입니다. 현실 세계는 1년이 열두 달이고, 하루가 열두 개의 시로 이루어져 있습니다 (두 시간을 한 단위로 보아 열두 개의 시입니다).

그래서 목에 해당하는 인과 묘, 화에 해당하는 사와 오, 금에 해당하는 신과 유, 수에 해당하는 해와 자 다음에 토를 각각 한 개씩 배치해 열두 개가 되게 했다고 이해하면 되겠습니다. 그리고 하루 스물네 시간을 두 시간씩 나눠서 지지로 분류하면 다음과 같습니다.

### 출생 시간과 지지별 시간

| 출생 시간 | 지지별 시간 |
|---|---|
| 오후 11시 30분 ~ 오전 1시 30분 | 자시 |
| 오전 1시 30분 ~ 오전 3시 30분 | 축시 |
| 오전 3시 30분 ~ 오전 5시 30분 | 인시 |
| 오전 5시 30분 ~ 오전 7시 30분 | 묘시 |
| 오전 7시 30분 ~ 오전 9시 30분 | 진시 |
| 오전 9시 30분 ~ 오전 11시 30분 | 사시 |
| 오전 11시 30분 ~ 오후 1시 30분 | 오시 |
| 오후 1시 30분 ~ 오후 3시 30분 | 미시 |
| 오후 3시 30분 ~ 오후 5시 30분 | 신시 |
| 오후 5시 30분 ~ 오후 7시 30분 | 유시 |
| 오후 7시 30분 ~ 오후 9시 30분 | 술시 |
| 오후 9시 30분 ~ 오후 11시 30분 | 해시 |

**주1.** 원래 자시는 밤 11시부터 새벽 1시까지입니다. 우리가 정오(正午)라고 부르는 낮 12시를 포함하는 오(午)시는 오전 11시부터 오후 1시까지입니다. 그런데 현재 우리나라는 일본 도쿄 시간을 표준시로 사용하고 있어, 실제 한국의 태양시와 약 30분 정도 차이가 납니다. 따라서 사주를 볼 때는 30분 보정을 해서 적용합니다.
**주2.** 해외에서 태어난 사람은 반드시 현지시간을 기준으로 사주를 작성해야 합니다.
**주3.** 썸머타임이 적용되는 국가에서 썸머타임 시기에 태어난 경우에는 출생 시간을 1시간 앞당겨 계산해야 합니다.
**주4.** 예외적으로 1954년 3월 21일부터 1961년 8월 9일까지는 도쿄 표준시가 아니라 우리나라 고유의 시간을 사용했으므로, 이 기간에 출생한 사람은 오후 11시~오전 1시를 자시, 오전 1시~오전 3시를 축시 등과 같이 산정합니다.

## 하늘의 기운이자 정신세계, 천간

천간을 이해할 때 가장 중요한 것은 각 글자가 지닌 속성입니다. 이 속성은 지지에 해당하는 같은 의미의 글자를 이해할 때도 기본이 됩니다. 특히 내가 태어난 날의 천간, 즉 일간은 나의 기질과 성격을 보여 주는 핵심 글자입니다.

**목의 양과 음, 갑을**

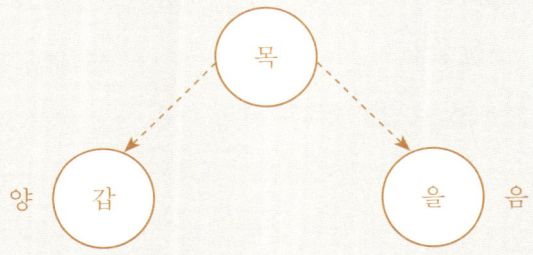

갑(甲)은 양의 목으로, 소나무에 비유됩니다. 곧게 뻗은 소나무의 형상처럼 리더십이 강하고 자존심과 자부심이 큽니다. 하지만 강직한 만큼 융통성이 부족해 꺾이면 쉽게 부러질 수 있습니다.

여름에 태어난 갑목은 불의 꽃을 피우는 것이 본분이므로 외향적인 활동에 어울리며 겨울에 태어난 갑목은 도끼에 베여 궁

궐의 대들보가 되듯 조직 속에서 중요한 역할을 맡을 잠재력이 있습니다. 다만 자존심을 내세우다 손해를 보는 경우가 잦습니다. 특히 사주에 갑이 여러 개 있으면 강한 리더십이 장점이지만 동시에 지나친 자존심이 단점이 되기도 합니다.

  을(乙)은 음의 목으로, 넝쿨이나 풀처럼 부드러운 초목에 비유됩니다. 강하지는 않지만 쉽게 쓰러지지 않는 유연함이 핵심입니다. 그래서 을로 태어난 사람은 겉보기보다 끈기가 강합니다. 폭탄이 터져도 소나무는 부러지지만 풀은 다시 일어서는 것처럼 을의 사람은 시간이 지날수록 다시 살아나는 힘을 가집니다.

  갑과 다투면 승부가 금세 나지만 을과 다투면 오래 이어지는 것도 이 때문입니다. 평생 갑으로 살아온 사람과 을로 살아온 사람을 비교해 보면 개인 차원에서 을의 끈기가 얼마나 경쟁력 있는지 알 수 있습니다. 특히 사주에 을이 여러 개 있는 사람은 겉으로는 친절하고 유연해 보이지만 넝쿨이 여러 겹 얽혀 있듯 웬만한 도끼로도 끊기 어려운 강한 내구력을 지녔다고 볼 수 있습니다.

### 화의 양과 음, 병정

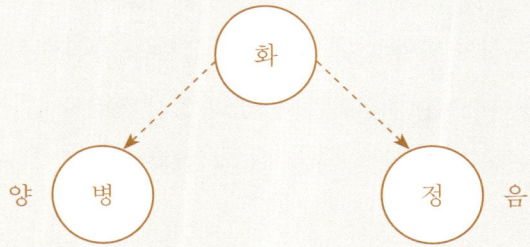

병(丙)은 양의 화로, 태양에 비유됩니다. 손으로 만질 수는 없지만 그 빛과 에너지가 만물을 살리듯 병의 기운을 가진 사람은 넉넉하고 포용적인 면모가 있습니다. 다만 태양이 하늘 높이 떠 있듯 이상이 크고 원리·원칙을 중시하는 성격이 두드러집니다. 사주에 병이 여러 개 있으면 이상주의적 성향이 지나치게 강해져 종교적 색채를 띠기도 합니다. 실제로 사주에 병이 세 개나 있던 한 대기업 임원은 "기업인이 되지 않았다면 종교인이나 철학 교수가 되었을 것."이라고 말했습니다. 사람을 평가할 때도 능력보다 진정성을 먼저 보던 그분의 태도는 태양을 세 개 지닌 사주다운 순수한 기질이었습니다.

정(丁)은 음의 화로, 화롯불이나 촛불에 비유됩니다. 태양처럼 강렬하지는 않지만 어둠을 밝혀 주는 빛이며 실제로 지상에서 무언가를 데우고 태워내는 현실적인 불입니다. 그래서 정의 기운을 가진 사람은 실용적이고 유용한 능력을 지닌 경우가 많고 말솜씨도 뛰어납니다. 하지만 촛불이 주변을 태울 수도 있듯 화가 나면 무섭게 번져 주변을 상하게 할 수 있습니다. 그래서 병이 화를 낼 때보다 정이 화를 낼 때 더 조심해야 합니다. 그럴 때는 논리로 설득하기보다 일단 자리를 피해 시간을 두는 것이 상책입니다.

**토의 양과 음, 무기**

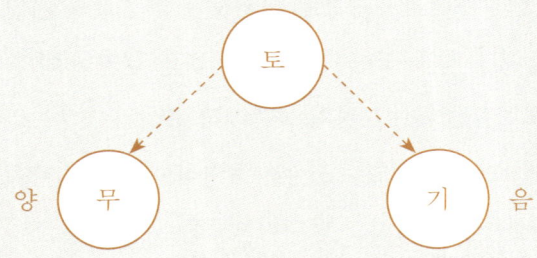

무(戊)는 양의 토로, 드넓은 벌판이나 웅대한 산에 비유됩니다. 큰 대지처럼 믿음과 신용을 중시하고 포용력이 크지만 때로는 속마음을 쉽게 드러내지 않아 알기 어려운 경우도 있습니다. 흙 속에 무엇이 묻혀 있는지는 깊이 파 보기 전까지 알 수 없듯 무의 기운을 가진 사람도 겉으로는 단순해 보여도 내면은 깊고 복잡한 경우가 많습니다.

기(己)는 음의 토로, 씨를 뿌려 곡식과 풀을 길러내는 문전옥답 같은 기름진 논밭에 비유됩니다. 실용적인 태도와 희생정신이 강해 주변을 든든히 받쳐 주지만 때로는 고집이 세고 속을 잘 드러내지 않는 면도 있습니다. 계절에 따라 그 성격이 크게 달라지기도 합니다. 기가 혹독한 겨울에 태어나면 논밭의 본래 역할을 다하기 어려우므로 온기를 전해 줄 불 기운을 지닌 사람과 어울려야 합니다. 반대로 한여름의 뜨거운 계절에 태어난 기는 건조해 곡식을 키우기 힘드니 적당한 습기를 공급해 줄 물 기운과의 교류가 필요합니다.

**금의 양과 음, 경신**

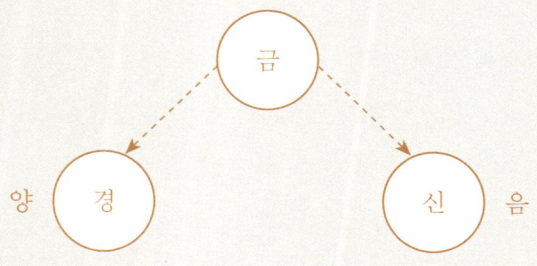

경(庚)은 양의 금으로, 아직 가공되지 않은 원석이자 바위에 비유됩니다. 산 정상의 바위가 물의 수원지가 되듯 경의 기운은 흔들림 없고 근면 성실하여 남에게 든든한 버팀목이 됩니다. 그러나 권모술수에는 서툴러 조직 내에서 정치적 경쟁에서 손해를 보거나 사업을 하다 사기를 당하는 경우도 있습니다. 또 경으로 태어났는데 주변도 금의 기운이 지나치게 강하면 평소에는 성실하지만 어느 순간 크게 분노를 터뜨릴 수 있습니다. 잘 나가다가도 홧김에 일을 그르치지 않도록 주의가 필요합니다.

신(辛)은 음의 금으로, 가공된 보석이나 칼에 비유됩니다. 빛나는 아름다움과 날카로운 예리함을 동시에 지닌 성격입니다. 남자의 경우 예민하고 섬세하며, 여자의 경우 공주님처럼 존중받고 대접받기를 좋아하는 경우가 많습니다. 남녀 모두 신의 기운을 가진 상사나 동료와 함께한다면 적절한 칭찬과 인정이 관계를 원만하게 유지하는 데 큰 도움이 됩니다.

**수의 양과 음, 임계**

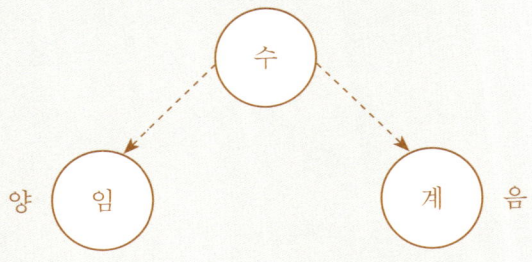

임(壬)은 양의 수로 바다나 큰 강물에 비유됩니다. 큰 물은 흘

러야 직성이 풀리듯, 임의 기운을 가진 사람은 한 가지 고정된 일보다 다양한 업무와 환경 속에서 더 큰 만족을 느낍니다. 적당한 통제는 제방처럼 흐름을 안정시켜 주지만, 간섭이 지나치면 쉽게 견디지 못합니다. 사주에 수의 기운이 지나치게 많으면 인물은 빼어나지만 결혼이 늦어지거나 배우자와의 관계가 원만하지 않을 수 있습니다. 큰 물줄기처럼 타협보다는 스스로의 길을 고집하는 성향이 있기 때문입니다. 사회생활에서는 학습된 태도로 본심을 어느 정도 감추지만, 결혼생활에서는 본래의 기질이 드러나는 경우가 많습니다.

계(癸)는 음의 수로 이슬이나 빗물, 샘물 같은 맑고 작은 물에 비유됩니다. 지혜와 순수함의 상징으로 뛰어난 머리를 발휘해 성공할 가능성이 큽니다. 하지만 마음이 여리고 섬세한 면이 있어 남녀 모두 정서적인 공감과 따뜻한 이해 속에서 관계가 깊어집니다. 반대로 섣부른 충고나 논리적 지적에는 상처를 받을 수 있습니다. 계가 사주에 여러 개 있거나 임(壬)과 함께 있으면 작은 물이 모여 큰 물줄기가 되듯 양의 수의 속성이 강해져 임과 비슷한 성향을 띠기도 합니다.

### 땅의 기운이자 현실 세계, 지지

지지는 자·축·인·묘·진·사·오·미·신·유·술·해의 열두 글자로 구성됩니다. 오행으로는 목·화·토·금·수를 각각 양과 음의 기운으로 나누어 표현한 것입니다. 천간이 하늘의 기운이자 정신세계를 뜻한다면, 지지는 땅의 기운이자 현실 세계를 의미합니다.

현실 세계는 1년 12개월로 나뉘며 봄·여름·가을·겨울 네 계절이 곧 목·화·금·수에 해당합니다. 봄은 양의 목과 음의 목, 여름은 양의 화와 음의 화, 가을은 양의 금과 음의 금, 겨울은 양의 수와 음의 수를 나타냅니다. 그리고 각 계절의 끝마다 토의 기운을 배치해 열두 지지를 완성합니다.

성격적 특징은 대응하는 천간의 성격을 참조하면 이해가 쉽습니다. 인은 양목으로 갑의 성향, 묘는 음목으로 을의 성향과 통합니다. 사는 병, 오는 정, 신(申)은 경, 유는 신(辛), 해는 임, 자는 계의 성격을 참고하면 됩니다. 다만 토에 해당하는 네 글자는 조금 더 설명이 필요합니다.

- **진**: 봄의 흙으로 만물을 키우니 꿈이 크고 진취적이며 남을 돕기를 좋아합니다.

- **미**: 여름의 흙으로 뜨거운 기운을 품고 있어 평소에는 안정적이나 한 번 폭발하면 강렬합니다.
- **술**: 가을의 흙으로 만물을 거두는 기운이 있어 성실함과 완결성을 상징합니다.
- **축**: 겨울의 흙으로 씨앗을 품고 봄을 기다리니 내성적이고 침착합니다.

한 사람의 성격은 일간만이 아니라 사주의 나머지 일곱 글자에도 영향을 받으므로 전체적으로 조화를 살펴야 올바르게 해석할 수 있습니다.

### 내 사주팔자 확인하기

명리학에서는 사람이 타고난 생년월일시를 천간과 지지로 바꾸어 여덟 글자로 표시하고 이 글자들이 뜻하는 바를 해석해 운명을 살핍니다. 그렇다면 어떻게 출생 정보를 여덟 글자로 변환할 수 있을까요?

옛날에는 《만세력(萬歲曆)》이라는 책을 펼쳐 자신의 생년월일시에 해당하는 글자를 찾아야 했습니다. 그러나 요즘은 IT 기술 덕분에 누구나 쉽게 사주를 뽑을 수 있습니다. 인터넷 포털에서 '만세력'을 검색하거나, 모바일 기기에서 관련 앱을 내려받으면 됩니다. 생년월일시를 입력하고 양력·음력 여부와 성별만 선택하면 곧바로 팔자가 출력됩니다.

예를 들어 2026년 양력 2월 4일 오후 2시 30분에 태어난 남성의 출생 정보를 변환하면 다음과 같은 사주팔자가 됩니다.

**2026년 2월 4일 오후 2시 30분생 사주 예시**

|  | 시 | 일 | 월 | 연 |
|---|---|---|---|---|
| 천간 | 신 | 기 | 경 | 병 |
| 지지 | 미 | 유 | 인 | 오 |
| 지장간 | 정<br>을<br>기 | 경<br>신 | 무<br>병<br>갑 | 병<br>기<br>정 |

| 대운: 9대운 ||||||||
|---|---|---|---|---|---|---|---|
| 69 | 59 | 49 | 39 | 29 | 19 | 9 ||
| 정 | 병 | 을 | 갑 | 계 | 임 | 신 ||
| 유 | 신 | 미 | 오 | 사 | 진 | 묘 ||
| 세운 ||||||||
| 2033 | 2032 | 2031 | 2030 | 2029 | 2028 | 2027 ||
| 계 | 임 | 신 | 경 | 기 | 무 | 정 ||
| 축 | 자 | 해 | 술 | 유 | 신 | 미 ||

여기서 중요한 것은 일간입니다. 태어난 날의 천간에 해당하는 글자가 바로 '나'를 뜻하기 때문입니다. 반대로 나머지 일곱 글자는 나를 둘러싼 사람과 환경, 즉 인적·물적 조건을 보여 줍니다.

사주팔자에는 이처럼 다양한 정보가 담겨 있습니다. 이번에는 그중에서도 특히 이해해 두면 좋은 세 가지 개념을 살펴보려 합니다. 바로 지장간(地藏干), 대운(大運), 세운(歲運)입니다.

### 지장간이란

천간이 정신세계를, 지지가 현실 세계를 나타낸다면 지장간은 그 현실 세계를 더 세밀하게 조율하는 숨은 정보라 할 수 있습니다. '지장간'의 '장(藏)'은 '감출 장' 자로, 말 그대로 지지 속에 감춰진 천간을 뜻합니다.

**지장간 표**

| 지지 | 자 | 축 | 인 | 묘 | 진 | 사 | 오 | 미 | 신 | 유 | 술 | 해 |
|---|---|---|---|---|---|---|---|---|---|---|---|---|
| 지장간 | 임계 | 계신기 | 무병갑 | 갑을 | 을계무 | 무경병 | 병기정 | 정을기 | 무임경 | 경신 | 신정무 | 무갑임 |

고급 해석으로 들어가면 지장간의 변화를 통해 상담의 정밀도를 높이는 경우가 많습니다. 다만 여기서는 깊이 들어가기보다 꼭 알아두면 좋은 몇 가지 핵심만 짚어 보겠습니다.

첫째, 천간과 동일한 글자가 지장간 속에 있으면 해당 천간은 '뿌리'를 갖게 됩니다. 같은 글자가 단순히 천간의 다른 위치에 있을 때보다 지장간에 자리할 경우 하부 구조가 받쳐 주는 형태가 되어 훨씬 강한 힘을 발휘하게 됩니다.

둘째, 일지(日支)의 지장간은 나의 속마음을 뜻합니다. 앞서 태어난 날의 천간(일간)이 '나' 자체를 나타낸다고 했습니다. 그 바로 아래 받치고 있는 지지, 즉 일지는 나의 생활환경을 의미하며 그 속에 감춰진 지장간은 쉽게 드러내지 않는 속마음을 보여 줍니다.

셋째, 지장간 속의 글자는 운의 흐름에 따라 드러날 때가 있습니다. 예컨대 어떤 해가 임진(壬辰)년인데, 내 지지의 지장간에 임(壬)이 들어 있다면 그 해에는 임의 기운이 한층 활성화됩니다. 숨어 있던 기운이 같은 친구를 만나 반갑게 뛰쳐나오는 것과 비슷한 이치입니다. 특히 일지의 지장간에서 이런 반응이 강하게 나타나지만 다른 지지의 지장간에서도 마찬가지로 작용할 수 있습니다.

지장간의 속성은 이밖에도 다양하지만 여기서는 지장간이

사주 해석의 미세한 부분을 밝혀 주는 중요한 단서라는 점만 기억해도 충분합니다.


### 대운과 세운이란

누군가는 대운을 '대박운'이라고 말하기도 하지만 사주명리에서 대운의 의미는 조금 다릅니다. 대운은 누구에게나 10년에 한 번씩 찾아오는 운으로 '내 사주팔자가 10년간 활동할 무대'를 뜻합니다. 어떤 글자가 들어오는지는 사람마다 다르고 이 10년 주기가 몇 살부터 시작되는지도 각자 다릅니다.

예를 들어 어떤 이는 2세에 첫 대운이 시작돼 12세, 22세, 32세…로 이어집니다. 이를 '2대운'이라고 부릅니다. 또 다른 이는 9세에 시작해 19세, 29세, 39세…로 바뀌니 '9대운'이라고 합니다. 대운 주기는 원칙적으로 만(滿) 나이 기준이지만, 일부 만세력에서는 우리 나이로 표시하기도 하니 반드시 확인해야 합니다.

아무리 사주 여덟 글자가 좋아도 대운 10년이 불리하면 그 힘이 줄어듭니다. 최고급 승용차를 타고 태어난 사람이라도 흙길 위를 달리면 제 속도를 내기 어렵습니다. 반대로 타고난 사주가 다소 아쉬워도 좋은 대운을 만나면 그 10년은 무난히 넘어갈 수 있습니다. 즉, 대운은 사주라는 자동차가 달리는 도로에 비유할 수 있습니다.

한편 세운은 모두에게 공통적으로 적용되는 매해의 기운입니다. 흔히 '유년(流年)'이라고도 부릅니다. 예컨대 2026년은 병오년, 2027년은 정미년으로 누구에게나 동일합니다. 다만 병오, 정미라는 글자가 내 사주에서 길한지 흉한지는 각자의 사주 구성을 따져야 합니다.

또한 대운과 세운은 서로 영향을 주고받습니다. 세운이 아무리 좋아도 대운이 나쁘면 힘이 반감되고 반대로 세운이 불리해도 대운이 좋으면 큰 탈 없이 지나갑니다.

마지막으로 남녀는 같은 날 태어나도 대운의 흐름 순서가 다릅니다. 따라서 만세력으로 확인할 때는 반드시 성별을 정확히 입력해야 합니다.

## 합과 충이란

자신의 사주 여덟 글자를 뽑았으니 이제 본격적으로 해석하고 싶을 텐데요. 언제 좋은 운이 들어오는지, 이번 대운이 길할지 흉할지도 궁금하겠지요? 운의 길흉을 종합적으로 판단하는 방법은 '용신'을 통해 설명하겠습니다. 우선 그 전에 사주 여덟 글자의 역동성을 결정하는 핵심 원리인 합충(合沖)을 먼저 알아보겠습니다.

합충이란 천간과 지지에 해당하는 글자들이 서로 묶이거나(合), 충돌(沖)하는 것을 말합니다. 이 글자들은 나 자신이 되기도 하고 타인이 되기도 하며 때로는 출세운이나 재물운이 되기도 합니다. 따라서 글자들끼리 어떻게 엮이고 부딪히는지에 따라 좋은 운과 나쁜 운으로 갈라지게 됩니다.

즉, 합과 충을 이해하는 것은 길흉화복을 읽어 내는 데 필수적인 관문이라 할 수 있습니다. 다행히도 기본 원리는 이미 살펴본 바 있습니다. 앞에서 다룬 오행 간의 생(生)과 극(剋)의 관계가 바로 합과 충의 바탕이 되기 때문입니다.

이제, 하늘의 기운을 뜻하는 천간합부터 살펴보겠습니다.

## 천간의 합과 충

천간합(天干合)은 하늘의 기운을 이루는 열 글자, 즉 갑·을·병·정·무·기·경·신·임·계 사이에서 발생하는 합의 관계입니다.

합이 이루어지려면 우선 상생상극의 원리 속에서 서로 제어할 수 있는 힘이 전제되어야 합니다. 다만 여기서 '제어'란 투쟁적 의미가 아니라 한쪽이 다른 쪽을 받아들이고 포용하는 관계를 뜻합니다. 그래서 '합'이라 부르는 것입니다. 또 합은 반드시 음과 양이 서로 달라야 성립됩니다.

이를 오행의 극 관계에 적용하면 다음과 같습니다.

- 목이 토를 제어하는 경우 → 갑기합(甲己合)
- 금이 목을 제어하는 경우 → 을경합(乙庚合)
- 화가 금을 제어하는 경우 → 병신합(丙辛合)
- 수가 화를 제어하는 경우 → 정임합(丁壬合)
- 토가 수를 제어하는 경우 → 무계합(戊癸合)

여기서 한 가지 흥미로운 규칙이 있습니다. 갑을 기준으로 다섯 번째 뒤에 오는 기가 합을 이루고 을 역시 다섯 번째 뒤의 경과 합을 이룹니다. 마찬가지로 병, 정, 무도 각각 다섯 칸 뒤의 글자와 짝을 이룹니다. 즉, 천간합은 '다섯 글자 간격의 짝짓기'로 이해할 수 있습니다.

**천간의 합**

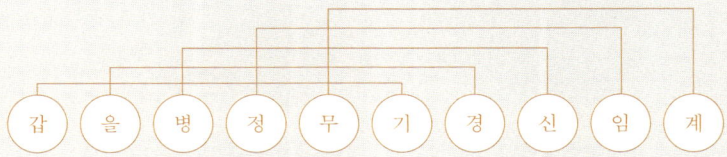

반대로 천간의 열 글자 중 두 글자가 같은 음양을 지니면서 서로 극하게 되면 충돌이 발생하는데 이를 천간충(天干沖)이라 합니다. 천간충의 조합은 다음과 같습니다.

- 금이 목을 극하는 경우 → 갑경충(甲庚沖), 을신충(乙辛沖)
- 수가 화를 극하는 경우 → 병임충(丙壬沖), 정계충(丁癸沖)

여기서도 일정한 규칙이 있습니다.

갑은 여섯 번째 뒤에 오는 경과 충돌하고, 을은 여섯 번째 뒤의 신과 충돌합니다. 병과 정 역시 각각 여섯 칸 뒤의 글자와 충돌합니다.

**천간의 충**

**천간합과 천간충의 종류**

| 천간합 | 갑기합, 을경합, 병신합, 정임합, 무계합 |
|---|---|
| 천간충 | 갑경충, 을신충, 병임충, 정계충 |

## 지지의 합과 충

 지지합(地支合)은 열두지지, 즉 '자·축·인·묘·진·사·오·미·신·유·술·해' 사이에서 이루어지는 합을 말합니다.
 천간합은 극 관계를 전제로 한 합이라면 지지합은 조금 다릅니다. 지지합은 서로 돕는 관계와 극하는 관계를 모두 포함합니다. 가까이 있는 글자들이 서로 끌어당기는 성질에서 비롯되기 때문에 반드시 극해야만 합이 이루어지는 것은 아닙니다.

### 지지의 합

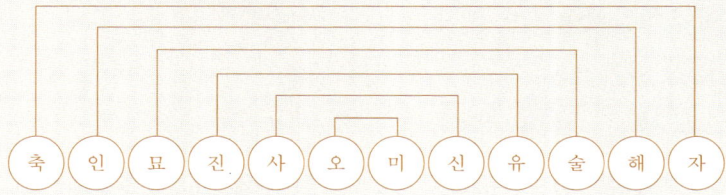

지지합은 오에서 시작합니다. 오는 열두 지지의 중심이자 하루의 정오를 뜻하는 글자입니다. 그래서 오를 기점으로 주변 지지와 합을 이루는 구조가 형성됩니다.

이렇게 두 글자끼리 맺는 여섯 가지 짝을 지지육합(地支六合)이라 부릅니다. 각각의 속성은 다음과 같습니다.

- 수가 목을 생하는 경우 → 인해합(寅亥合)
- 목이 토를 극하는 경우 → 묘술합(卯戌合)
- 토가 금을 생하는 경우 → 진유합(辰酉合)
- 화가 금을 극하는 경우 → 사신합(巳申合)
- 화가 토를 생하는 경우 → 오미합(午未合)
- 토가 수를 극하는 경우 → 자축합(子丑合)

| 지지육합 | 인해합, 묘술합, 진유합, 사신합, 오미합, 자축합 |
| --- | --- |

지지충(地支沖)은 글자들끼리 정면으로 부딪히는 관계입니다. 여섯 쌍의 충을 묶어 지지육충(地支六沖)이라 부릅니다.

- 수가 화를 극하며 충하는 경우 → 자오충(子午沖), 사해충(巳亥沖)
- 금이 목을 극하며 충하는 경우 → 인신충(寅申沖), 묘유충(卯酉沖)
- 토와 토가 부딪혀 충하는 경우 → 축미충(丑未沖), 진술충(辰戌沖)

### 지지의 충

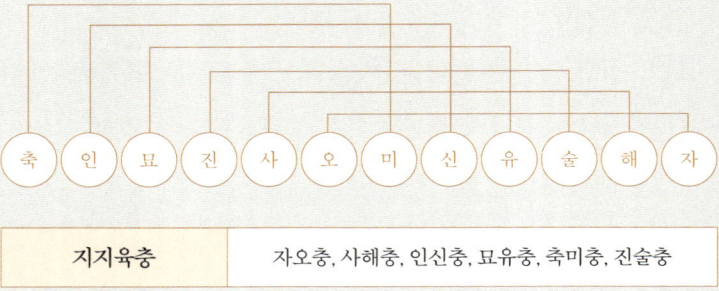

| 지지육충 | 자오충, 사해충, 인신충, 묘유충, 축미충, 진술충 |

또한 지지에는 두 글자가 합하는 것뿐만 아니라 세 글자가 모여 강력한 한 가지 오행을 만드는 경우가 있습니다. 이를 삼합(三合)이라 부릅니다. 삼합의 원리는 12운성(運星)에서 비롯됩니다. 모든 오행은 태어나는 단계(생지[生地]), 가장 왕성한 단계(왕지[旺地]), 무덤에 들어가는 단계(묘지[墓地])를 거치는데 이 세 기운이 모여 하나의 큰 오행으로 바뀌는 것이 삼합입니다.

삼합의 네 가지 유형은 다음과 같습니다.

- 세 글자가 모여 강한 수를 만드는 경우 → 신자진(申子辰)
- 세 글자가 모여 강한 목을 만드는 경우 → 해묘미(亥卯未)
- 세 글자가 모여 강한 금을 만드는 경우 → 사유축(巳酉丑)
- 세 글자가 모여 강한 화를 만드는 경우 → 인오술(寅午戌)

이는 계절과도 연결됩니다.

- 봄: 인, 묘, 진으로 목의 기운이 핵심
- 여름: 사, 오, 미로 화의 기운이 핵심
- 가을: 신, 유, 술로 금의 기운이 핵심
- 겨울: 해, 자, 축으로 수의 기운이 핵심

각 계절의 세 글자 중 가운데 있는 글자인 묘, 오, 유, 자를 각각 목, 화, 금, 수의 중심인 왕지로 삼습니다. 12운성 이론에 따라 목의 생지와 묘지는 해와 미입니다. 따라서 목의 생지, 왕지, 묘지를 순서대로 답하면 해묘미 삼합이 되며, 이는 목으로 바뀝니다. 같은 원리로 인오술이 삼합이 되어 화가 되고, 사유축이 삼합이 되어 금이 되며, 신자진이 삼합이 되어 수가 됩니다.

사주에 신자진 세 글자가 나란히 붙어서 존재하거나 세 글자 중 두 글자가 있는데 대운이나 세운에서 나머지 한 글자가 와서 신자진 세 글자로 삼합이 이루어지면 이를 강한 수의 기운이라고 보면 됩니다. 다른 삼합도 마찬가지입니다.

| 지지삼합 | 신자진, 해묘미, 사유축, 인오술 |
|---|---|

삼합과 비슷하게 세 글자가 모여 합을 이루는 또 다른 경우가 있습니다. 바로 계절합 또는 방합(方合)입니다. 십이지에서 계절을 나눌 때 봄은 인묘진(寅卯辰), 여름은 사오미(巳午未), 가을은 신유술(申酉戌), 겨울은 해자축(亥子丑) 이렇게 각각 세 달을 묶어 하나의 계절로 구분합니다. 이처럼 동일 계절의 세 글자가 만나 합을 이루는 것을 방합이라고 부릅니다.

'방(方)'이라는 글자가 뜻하듯 각 계절합은 특정한 방향과도 대응됩니다.

- 봄: 동쪽
- 여름: 남쪽
- 가을: 서쪽
- 겨울: 북쪽

| 지지방합 | 인묘진, 사오미, 신유술, 해자축 |

 사주에서 인묘진 세 글자가 함께 모이면 강한 목의 기운으로 해석합니다. 같은 원리로 사오미가 모이면 화의 기운, 신유술이 모이면 금의 기운, 해자축이 모이면 수의 기운으로 이해할 수 있습니다.

## 합과 충의 다양한 의미

 합과 충에서 꼭 기억해야 할 점은 합이 늘 좋은 것도 아니고 충이 언제나 나쁜 것도 아니라는 사실입니다. '합'은 안정감을 주지만 동시에 글자의 독립성을 약화시켜 역동성을 떨어뜨립니다. 예컨대 남녀가 결혼하면 안정된 가정을 얻는 대신 개인의 자유와 독립성은 줄어드는 것과 같습니다. 따라서 합은 무조건 좋은 것이 아닙니다. 실제 해석에서도 나에게 좋은 글자가 합으로 묶이면 내 복이 줄어드는 것이고, 반대로 나에게 불리한 글자가 합으로 묶이면 오히려 짐을 덜게 되는 것으로 볼 수 있습니다.
 '충'은 불안정성을 의미하지만 변화가 간절한 사람에게는 새로운 길을 여는 힘이 되기도 합니다. 예컨대 나에게 필요한 글자가 다른 글자와 합해 막혀 있다면 충이 들어와 그 합을 깨주는 것이 답답한 상황을 풀어내는 계기가 됩니다. 또 여러 글자가 합을 이루어 특정 기운이 지나치게 강해졌을 때 충이 개입해 그 힘을 분산시키면 오히려 균형이 회복되기도 합니다.

즉 합은 안정 속의 제약을, 충은 혼란 속의 변화를 의미합니다. 겉보기 판단에 매이지 않고 맥락 속에서 길흉을 따져야 올바른 해석이 가능합니다.

### 십신이란

우리 인생에서 소중한 것은 무엇일까요? 부모, 형제, 배우자, 자녀, 친한 친구 등이 떠오를 것입니다. 돈, 명예, 건강, 직업 등도 빼놓을 수 없지요. 결국 사주팔자를 분석하는 목적은 지극히 현실적인 요소들과 나와의 관계를 분석하고 때에 따라 어떻게 나아가고 물러날 것인지를 파악하기 위함입니다. 아무리 목 기운이 어떻고 화 기운이 어떻고 하는 이론을 알아도 그것을 실질적인 인간사로 치환해서 해석하지 않으면 의미가 없습니다.

이제부터 배울 '십신(十神)' 이론은 앞서 배운 오행의 특징들을 나와 인간사의 다양한 요소들에 직접 대입해 볼 수 있게 합니다. 가족 및 사회관계를 설명하는 요인들을 열 가지로 나누고 이것들의 조합이 오늘의 구체적인 내 모습이라는 것이 십신 이론의 핵심입니다.

## 일간과 나머지 글자들의 관계

### 상생상극 관계

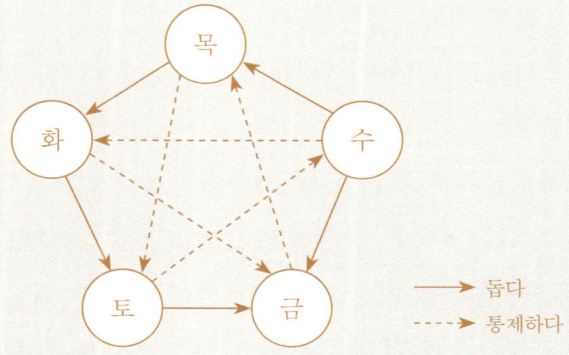

위의 그림은 오행 간의 상생상극 관계도입니다. 이 관계는 곧 십신의 기초입니다. 오행에는 나를 돕는 오행, 내가 돕는 오행, 나를 제어하는 오행, 내가 제어하는 오행이 있으며 나와 동일한 오행도 있습니다. 여기서 '나'란 사주팔자에서 일간, 즉 내가 태어난 날의 천간을 뜻합니다.

예를 들어 내가 양의 목인 갑 일간이라면, 사주팔자의 나머지 일곱 글자는 모두 나를 돕거나 내가 돕거나 나와 같거나 나를 제어하거나 내가 제어하는 위치에 놓이게 됩니다. 이 관계는 타고난 팔자에 한정되지 않습니다. 시간이 흘러 들어오는 대운과 세운의 글자들도 모두 일간과 상생·상극 관계를 맺습니다. 따라서 나와 각 글자의 관계를 정확히 파악해 주는 십신이야말로 사주명리의 핵심 열쇠라고 할 수 있습니다.

### 정인과 편인

나를 돕는 오행을 인성이라고 합니다. 나와 음양이 다르면 정인(正印), 음양이 같으면 편인(偏印)이라 부릅니다. '편(偏)'은 '한쪽으로 치우친다'는 뜻으로, 마치 자석의 같은 극이 밀어내듯 음양이 같아 기운이 원활히 소통되지 않는 상태를 가리킵니다.

'인'은 관청의 도장이나 문서를 뜻합니다. 집문서, 졸업장 같은 것도 모두 인성에 속합니다. 문서가 있으면 힘이 되듯 인성은 곧 나를 보완하고 지탱하는 기운입니다.

예를 들어 목 일간에게는 수가 인성이 됩니다. 내가 갑(양의 목)이라면 계(음의 수), 자(음의 수)는 정인이고, 임(양의 수), 해(양의 수)는 편인입니다.

인성은 육친으로는 어머니를 의미합니다. 모성이 내게 헌신적으로 힘을 주는 모습과 닮아 있습니다. 또한 인성은 학업을 뜻하기도 합니다. 정인을 일반 학문, 편인을 기술·전문 학문으로 구분하기도 하지만 실제 해석은 사주의 전체 구성을 고려해야 합니다. 오늘날에는 편인을 '편향성'으로 나쁘게만 보지 않고 오히려 한 분야에 집중해 차별화된 역량을 만드는 기운으로 해석하기도 합니다. 정인이 안정이라면 편인은 개성과 특화라 할 수 있습니다.

따라서 정인과 편인을 균형 있게 활용하면, 삶의 안정과 차별화를 동시에 이룰 수 있습니다. 각 십간별로 정인과 편인에 해당하는 글자들은 다음과 같습니다.

| 일간 \ 십신 | 정인 | 편인 |
|---|---|---|
| 갑 | 계, 자 | 임, 해 |
| 을 | 임, 해 | 계, 자 |
| 병 | 을, 묘 | 갑, 인 |
| 정 | 갑, 인 | 을, 묘 |
| 무 | 정, 오 | 병, 사 |
| 기 | 병, 사 | 정, 오 |

| 경 | 기, 미, 축 | 무, 진, 술 |
| --- | --- | --- |
| 신 | 무, 진, 술 | 기, 미, 축 |
| 임 | 신(辛), 유 | 경, 신(申) |
| 계 | 경, 신(申) | 신(辛), 유 |

### 식신과 상관

내가 돕는 오행을 식상(食傷)이라 부르는데, 음양이 같으면 식신(食神), 음양이 다르면 상관(傷官)이라 합니다. 이름에서 짐작할 수 있듯 식신은 '먹고사는 활동'과 관련이 있습니다. 내 기운을 조금씩 내어주면서 꾸준히 생업을 이루어 가는 모습이지요. 그래서 식신을 가진 사람은 한 가지 일을 오래 지속하는 경우가 많습니다.

반면 상관은 음양이 달라 더 큰 에너지를 방출합니다. 활동성이 크고 억눌림을 잘 견디지 못하니 관리직보다는 영업이나 마케팅 같은 외부 활동에 더 적합합니다. 방송·광고·컨설팅처럼 고객과 직접 소통하는 업종에서도 잘 맞습니다. 직접 사업을 하는 경우도 많을 정도로 에너지 레벨이 높은 기운입니다.

식신과 상관은 모두 활동력을 뜻하지만 성격에는 차이가 있습니다. 식신은 차분히 쌓아가는 힘이고 상관은 기존 틀을 깨고 새로운 길을 찾는 힘입니다. 사주에 식신과 상관이 함께 있더라도 대개는 상관의 기운이 더 강하게 드러납니다. 여성에게는 식상이 자녀를 의미하기도 하는데, 자녀 양육이나 출산이 자신의 에너지를 크게 소모하는 행위로 해석되기 때문입니다. 따라서 식상이나 상관이 제대로 작동하지 못하면 생업이나 건강에 문제가 나타나기도 합니다.

각 십간별로 식신과 상관에 해당하는 글자들은 다음과 같습니다.

| 일간 \ 십신 | 식신 | 상관 |
|---|---|---|
| 갑 | 병, 사 | 정, 오 |
| 을 | 정, 오 | 병, 사 |
| 병 | 무, 진, 술 | 기, 미, 축 |
| 정 | 기, 미, 축 | 무, 진, 술 |
| 무 | 경, 신(申) | 신(辛), 유 |
| 기 | 신(辛), 유 | 경, 신(申) |
| 경 | 임, 해 | 계, 자 |
| 신 | 계, 자 | 임, 해 |
| 임 | 갑, 인 | 을, 묘 |
| 계 | 을, 묘 | 갑, 인 |

**정재와 편재**

내가 제어하는 기운을 재성(財星)이라 부르며 이 가운데 음양이 나와 다르면 정재(正財), 같으면 편재(偏財)라고 합니다. 재성은 기본적으로 재물을 뜻하지만 남자의 사주에서는 배우자나 애인을 의미하기도 합니다. 다만 '정재는 아내, 편재는 다른 여성'이라는 단순한 공식으로만 해석하면 큰 오해가 생길 수 있습니다. 실제 상담 사례에서도 편재가 아내를 가리키는 경우가 적지 않았습니다. 따라서 정재와 편재가 함께 있다고 해서 반드시 바람기가 있다는 식으로 단정할 수는 없습니다. 오히려 정재는 음양이 달라 이성과 더 깊이 통하는 관계를, 편재는 음양이 같아 동반자적 파트너십에 가까운 관계를 나타낸다고 보는 편이 타당합니다.

재성은 식상이 돕는 기운입니다. 내가 열심히 일한 결과가 재물로 이어지는 셈입니다. 그래서 사주에 식상이 전혀 없더라도 재성이 강하면 일정한 재물운을 타고날 수 있지만 결국 그 재물을 제대로 취할 수 있는 힘이 있는지가 더 중요합니다. 정재는 안정적인 월급이나 꾸준한 수입을 의미하고 편재는 큰돈을 의미하나 위험도 그만큼 높은 자산을 뜻합니다.

문제는 사주에서 재성이 지나치게 많을 때입니다. 나를 돕는 기운은 부족한데 재성이 강하면 '재다신약'이라 하여 돈 때문에 오히려 내가 약해지는 상황이 벌어집니다. 이런 경우에는 직접 사업을 하기보다 부유한 사람이나 큰 자본을 다루는 조직을 도우며 그 대가로 안정적인 보수를 받는 것이 훨씬 유리합니다. 은행이나 기업의 재무팀과 같은 직종이 대표적인 예입니다.

각 십신별로 정재와 편재에 해당하는 글자들은 다음과 같습니다.

| 일간 \ 십신 | 정재 | 편재 |
|---|---|---|
| 갑 | 기, 미, 축 | 무, 진, 술 |
| 을 | 무, 진, 술 | 기, 미, 축 |
| 병 | 신(辛), 유 | 경, 신(申) |
| 정 | 경, 신(申) | 신(辛), 유 |
| 무 | 계, 자 | 임, 해 |
| 기 | 임, 해 | 계, 자 |
| 경 | 을, 묘 | 갑, 인 |
| 신 | 갑, 인 | 을, 묘 |
| 임 | 정, 오 | 병, 사 |
| 계 | 병, 사 | 정, 오 |

### 정관과 편관

나를 제어하는 기운을 관성(官星)이라고 합니다. 흔히 '관운이 좋다'라고 할 때 쓰는 바로 그 '관' 자입니다. 전통적으로는 관리가 되는 것이 곧 조직 생활의 전부였지만 현대 사회에서는 공직뿐 아니라 회사 역시 관성의 영역으로 봅니다. 즉, 조직에 소속되는 행위 자체가 나를 제어하는 힘이 되는 셈입니다. 이때 음양이 나와 다르면 정관(正官), 같으면 편관(偏官)이라 구분합니다. 정관은 행정부나 대기업처럼 안정된 조직을, 편관은 군대나 경찰처럼 규율이 엄격한 조직을 상징합니다.

앞서 재성(정재, 편재)이 남성에게는 아내를 뜻한다고 했는데요. 여성에게는 자신이 돕는 식상(식신, 상관)이 자식이 되지만, 남성에게는 아내인 재성이 돕는 관성이 자식이 됩니다. 이론적으로 편관을 자식이라 부르는 경우가 많지만 실제 상담 사례에서는 정관이 자식 역할을 하는 경우도 흔히 나타납니다.

반대로 여성에게는 관성이 곧 남편이나 애인을 의미합니다. 명리학이 형성되던 시대에는 여성의 위치가 남성에게 종속된다고 보는 관념이 강했기에, 여성의 사주에서 자신을 제어하는 관성이 배우자를 뜻하게 된 것입니다. 전통적으로는 정관은 남편, 편관은 애인이라 구분하기도 했지만 실제 감정을 해 보면 꼭 그렇다고만 할 수는 없습니다. 보다 현실적으로는 정관이 음양이 달라 이성과의 소통이 원활한 관계라면 편관은 음양이 같아 상대와의 소통이 덜 원활한 관계라고 보는 편이 타당합니다. 그래서 여성의 사주에 편관이 남편으로 나타날 때는 부부 간 갈등이 다소 있더라도 큰 문제가 되지 않는다면 받아들이고 살아가라고 조언하기도 합니다.

각 십간별로 정관와 편관에 해당하는 글자들은 다음과 같습니다.

| 일간 \ 십신 | 정관 | 편관 |
|---|---|---|
| 갑 | 신(辛), 유 | 경, 신(申) |
| 을 | 경, 신(申) | 신(辛), 유 |
| 병 | 계, 자 | 임, 해 |
| 정 | 임, 해 | 계, 자 |
| 무 | 을, 묘 | 갑, 인 |
| 기 | 갑, 인 | 을, 묘 |
| 경 | 정, 오 | 병, 사 |
| 신 | 병, 사 | 정, 오 |
| 임 | 기, 미, 축 | 무, 진, 술 |
| 계 | 무, 진, 술 | 기, 미, 축 |

**비견과 겁재**

나와 같은 오행을 가진 기운은 크게 비견(比肩)과 겁재(劫財)로 나뉩니다. 음양이 같으면 비견, 음양이 다르면 겁재라 부르며, 두 개를 합쳐 비겁(比劫)이라고 합니다. 비견은 글자 그대로 '어깨를 나란히 한다'는 뜻이 있어 나와 같은 편에 서는 동료나 동성의 형제를 의미합니다. 반면 겁재는 다소 경쟁적 관계를 띠며 경쟁자나 이성의 형제를 뜻하기도 합니다.

사주에서 나의 기운이 약하면, 즉 식상·재성·관성이 과다할 때는 인성이나 비겁의 도움이 필요합니다. 다만 비견과 겁재는 나와 같은 기운이기에 도움을 주는 동시에 나의 재물, 곧 재성에 대한 지분을 요구할 수 있다는 점을 유념해야 합니다. 실제로 동업 관계를 떠올리면 이해하기 쉽습니다. 특히 겁재의 '겁'은 '빼앗는다'는 의미가 있어 경우에 따라 내 재물을 나누거나 잃게 되는 상황을 만들 수 있으므로 조심해야 합니다. 각 십간별로 비견과 겁재에 해당하는 글자들은 다음과 같습니다.

| 십신 \ 일간 | 비견 | 겁재 |
|---|---|---|
| 갑 | 갑, 인 | 을, 묘 |
| 을 | 을, 묘 | 갑, 인 |
| 병 | 병, 사 | 정, 오 |
| 정 | 정, 오 | 병, 사 |
| 무 | 무, 진, 술 | 기, 미, 축 |
| 기 | 기, 미, 축 | 무, 진, 술 |
| 경 | 경, 신(申) | 신(辛), 유 |
| 신 | 신(辛), 유 | 경, 신(申) |
| 임 | 임, 해 | 계, 자 |
| 계 | 계, 자 | 임, 해 |

## 상생상극 관계 요약

| 십신 | | 나와의 음양 | 의미 |
|---|---|---|---|
| 나를 돕는 오행 | 정인 | 다름 | 모친, 공부, 문서 |
| | 편인 | 같음 | 모친, 독특한 공부, 문서, 장인정신 |
| 내가 돕는 오행 | 식신 | 같음 | 생업, 여성에게는 자녀 |
| | 상관 | 다름 | 활발한 활동, 여성에게는 자녀 |

| | 정재 | 다름 | 안정된 수입, 남성에게는 배우자 |
|---|---|---|---|
| 내가 통제하는 오행 | 편재 | 같음 | 크지만 위험도 또는 변동성이 높은 재물, 남성에게는 배우자 |
| 나를 통제하는 오행 | 정관 | 다름 | 안정된 조직, 남성에게는 자녀, 여성에게는 배우자 또는 애인 |
| | 편관 | 같음 | 엄격한 조직, 남성에게는 자녀, 여성에게는 배우자 또는 애인 |
| 나와 같은 오행 | 비견 | 같음 | 동성 형제, 동료 |
| | 겁재 | 다름 | 이성 형제, 동료(때로는 경쟁자) |

### 용신이란

　용신이란 말 그대로 내가 좋게 활용할 수 있는 기운을 뜻합니다. 여기서 '신'은 귀신을 의미하는 것이 아니라 특정 오행의 기운을 가리키는 전문 용어입니다. 따라서 용신을 찾는 과정은 곧 나에게 어떤 오행, 어떤 십신이 필요한지를 살펴보는 일입니다.
　원리는 단순합니다. 부족한 기운은 채워 주고 지나치게 강한 기운은 덜어 주거나 제어하는 것입니다. 특히 어떤 기운이 너무 강할 때는 억지로 통제하기보다는 자연스럽게 흘려보내는 편이 더 좋습니다. 예를 들어 불의 기운이 지나치게 강할 때 물로 끄려 하면 오히려 역효과가 날 수 있습니다. 이럴 때는 불이 다른 곳으로 흘러가도록 길을 내주는 편이 더 안전합니다.

이처럼 기운을 제어하거나(抑), 도와주는(扶) 방식으로 찾는 용신을 '억부용신(抑扶用神)'이라고 부릅니다.

**내게 부족한 기운과 오행을 찾는 방법**

다음의 사주를 보고 용신을 찾아봅시다.

### 사주 예시 ①

|  | 시 | 일 | 월 | 연 |
| --- | --- | --- | --- | --- |
| 십신 | 상관 | 나 | 정인 | 정관 |
| 천간 | 임 | 신 | 무 | 병 |
| 지지 | 신 | 미 | 술 | 진 |
| 십신 | 겁재 | 편인 | 정인 | 정인 |

이 사주의 주인공은 가을, 즉 술월(戌月)에 태어난 신으로, 보석(음의 금)의 기운을 타고났습니다. 사주에는 정인과 편인이 무려 네 개나 자리하고 있습니다. 정인과 편인은 분명 나를 돕는 기운이지만 지나치게 많으면 문제가 됩니다. 토의 기운이 과다해 보석인 신이 흙에 묻혀 제 빛을 발하지 못하는 형국이 되지요.

억부용신의 원리에 따라 우선 토의 기운을 누를 수 있는 목을 찾아 보았지만 사주 여덟 글자 어디에도 목의 힘은 두드러지게 보이지 않았습니다. 그렇다면 방법은 하나, 과도하게 강해진 기운을 흘려보내는 것입니다. 이때 필요한 것이 바로 상관의 역할을 하는 임수(壬水)입니다. 물의 기운은 흙을 씻어 내어 보석이 제 빛을 드러나게 하니 이 사주에서 임수는 가장 요긴한 용신이 됩니다.

따라서 특정 해의 천간에 임수가 들어오면 이 사주의 주인공은 좋은 흐름을 맞이할 가능성이 높습니다. 또한 직장 생활에서 일간이 임수인 동료나 상사와 함께하면 시너지 효과가 생기고 성과도 크게 기대할 수 있습니다.

### 사주 예시 ②

|  | 시 | 일 | 월 | 연 |
|---|---|---|---|---|
| 십신 | 식신 | 나 | 편인 | 겁재 |
| 천간 | 병 | 갑 | 임 | 을 |
| 지지 | 술 | 술 | 해 | 축 |
| 십신 | 편재 | 편재 | 편인 | 정재 |

이 사주의 주인공은 나를 돕는 편인이 두 개, 나와 같은 목의

기운을 가진 겁재 하나, 내 기운을 빼앗아 가는 식신 한 개, 그리고 내가 통제하는 편재 두 개와 정재 한 개를 가지고 있습니다. 일반적으로 비견·겁재·정인·편인은 나의 기운을 북돋우고 식신·상관·정재·편재·정관·편관은 나의 기운을 빼앗거나 눌러 줍니다. 이 사주는 전체적으로 나를 돕는 기운보다는 반대되는 기운이 조금 더 강한 구조라 할 수 있습니다.

그렇다고 해서 용신을 단순히 편인이나 겁재로 정할 수는 없습니다. 억부용신 찾기보다 더 중요한 것은 계절의 기온을 조절하는 조후용신(調候用神)을 살피는 일이기 때문입니다. 조후란 글자 그대로 기후를 맞추는 것으로 너무 더우면 식혀 주고 너무 추우면 따뜻하게 해 주는 것이 사람의 삶에도 그대로 적용된다고 봅니다.

이 사례의 일간은 갑목, 즉 소나무입니다. 그런데 출생 시점이 해(亥)월, 양력 11월 초에서 12월 초 사이로, 명리학에서는 이미 겨울이 시작된 시기입니다. 더구나 태어난 시간은 술시(戌時, 오후 7시 30분~9시 30분)였습니다. 겨울밤에 홀로 서 있는 소나무 한 그루를 떠올려 보세요. 추위에 떨고 있는 모습이 그려지지 않나요?

이때 기운이 부족하다고 해서 편인 임이나 해 같은 물 기운을 더하면 어떻게 될까요? 겨울밤의 소나무에 물을 주면 살아나는 것이 아니라 오히려 더 얼어붙고 맙니다. 따라서 이 사주에는 무엇보다 식신 병이라는 태양 불을 용신으로 우선 사용해야 합니다. 억부용신 차원에서도 나의 기운이 아주 약한 상황은 아니기에 불 기운을 용신으로 사용하는 것에 문제가 없습니다. 특정 시기에 화 기운이 강화되면 좋은 결과를 기대할 수 있는 이유입니다.

물론 억부용신이나 조후용신 외에도 용신을 찾는 방법은 여러 가지가 있습니다. 특히 나를 도와주는 인성이나 비겁이 전혀 없어 가장 강한 기운에 의존할 수밖에 없는 경우, 그 기운을 인정하고 따르는 종격 사주라는 특수한 구조도 있습니다. 다만 처음 공부하는 단계에서는 억부용신과 조후용신만 이해해도 충분합니다.

지금까지 부록에서 다룬 내용은 명리학의 기초이론이면서도 가장 핵심적인 부분입니다. 앞으로 더 깊이 공부해 나간다면 여기서 익힌 원리들이 얼마나 중요한 토대가 되는지 직접 체감할 수 있습니다. 그리고 배운 내용을 자신의 사주에 대입해 보기를 권합니다. 그다음에는 가까운 가족이나 지인의 사주를 살펴보는 것도 좋습니다. 그렇게 하나둘 비교하다 보면 이해의 폭이 넓어지고 본격적인 명리학 공부로 자연스럽게 이어질 수 있습니다.

처음 접하시는 분께는 다소 낯설고 쉽지 않은 내용이었을지 모르지만 여기까지 함께 읽고 따라와 주신 것만으로도 큰 수고를 하신 겁니다. 이 부록이 독자 여러분의 첫걸음에 작은 길잡이가 되기를 바랍니다.

아울러, 사주 공부를 처음 시작한다면 다음과 같은 과정을 따라가 보시면 좋습니다.

1. 먼저 포털 사이트에서 '만세력'을 검색해 보는 겁니다. 유료든 무료든 마음에 드는 만세력 사이트를 선택한 뒤 성별과 양력(또는 음력), 생년월일, 태어난 시간을 입력하면 나만의 사주를 알 수 있습니다. 단순히 여덟 글자만 확인하는 데 그치지 않고 각 글자에 해당하는 십신까지 함께 살펴볼 수 있습니다.
2. 사주가 준비되면 제일 먼저 태어난 날의 천간, 즉 '일간'을 확인합니다. 이 글자가 바로 '나'를 상징하는 글자인데요. 일간의 속성이 내 성격과 얼마나 닮아 있는지를 비교해 보는 것만으로도 재미있는 통찰을 얻을 수 있습니다.
3. 그다음에는 일간과 나머지 일곱 글자들의 오행을 확인해 보세요. 어떤 십신이 풍부하고 또 어떤 십신이 부족한지 파악하면서 그것이 내 삶의 모습과 어떻게 연결되는지를 가늠해 보

면 됩니다.

4. 조금 더 익숙해지면 계절과 십신의 구조를 고려해 나의 '용신'으로 어떤 글자가 적합한지도 생각해 보면 좋습니다. 마치 나에게 꼭 맞는 균형추를 찾아내는 과정과도 같습니다.

5. 마지막으로는 여덟 글자들 사이의 합과 충을 살펴보세요. 서로 어울려 안정감을 주는 합인지 아니면 충돌하며 변화를 불러오는 충인지, 그 의미를 곱씹어 보는 것만으로도 삶을 바라보는 시야가 조금 넓어집니다.

© kub liz

## 오십에 읽는 명리의 지혜

**초판 발행** · 2025년 11월 14일

**지은이** · 김원
**발행인** · 이종원
**발행처** · (주)도서출판 길벗
**브랜드** · 더퀘스트
**출판사 등록일** · 1990년 12월 24일
**주소** · 서울시 마포구 월드컵로 10길 56 (서교동)
**대표전화** · 02 ) 332-0931 | **팩스** · 02 ) 323-0586
**홈페이지** · www.gilbut.co.kr | **이메일** · gilbut@gilbut.co.kr

**기획 및 책임편집** · 유예진(jasmine@gilbut.co.kr) | **편집** · 송은경, 오수영
**제작** · 이준호, 손일순, 이진혁 | **마케팅** · 정경원, 정지연, 이지원, 이지현 | **유통혁신** · 한준희
**영업관리** · 김명자 | **독자지원** · 윤정아

**교정** · 허유진 | **디자인** · 데일리루틴 | **CTP 출력 및 인쇄** · 예림인쇄 | **제본** · 예림바인딩

· 더퀘스트는 (주)도서출판 길벗의 인문교양·비즈니스 단행본 브랜드입니다.
· 이 책은 저작권법의 보호를 받는 저작물로 이 책에 실린 모든 내용, 디자인, 이미지, 편집 구성은
  허락 없이 복제하거나 다른 매체에 옮겨 실을 수 없습니다.
· 인공지능(AI) 기술 또는 시스템을 훈련하기 위해 이 책의 전체 내용은 물론 일부 문장도 사용하는 것을 금지합니다.
· 잘못 만든 책은 구입한 서점에서 바꿔 드립니다.

© 김원, 2025
**ISBN 979-11-407-1639-5(03150)**
(길벗 도서번호 090281)

정가 18,000원

**독자의 1초까지 아껴주는 정성 길벗출판사**
**(주)도서출판 길벗** | IT단행본, 성인어학, 교과서, 수험서, 경제경영, 교양, 자녀교육, 취미실용 www.gilbut.co.kr
**길벗스쿨** | 국어학습, 수학학습, 주니어어학, 어린이단행본, 학습단행본 www.gilbutschool.co.kr

인스타그램 · thequest_book | 페이스북 · thequestzigi | 네이버포스트 · thequestbook